好家教
成就
好未来

陶继新 ｜ 著

山东城市出版传媒集团·济南出版社

图书在版编目（CIP）数据

好家教成就好未来 / 陶继新著 . — 济南 : 济南出
版社 , 2022.8

ISBN 978-7-5488-5202-5

Ⅰ . ①好… Ⅱ . ①陶… Ⅲ . ①家庭教育 Ⅳ . ① G78

中国版本图书馆 CIP 数据核字（2022）第 156324 号

好家教成就好未来　　陶继新 / 著

HAO JIAJIAO CHENGJIU HAO WEILAI

出 版 人　田俊林
图书策划　李　珂
责任编辑　陈　新
特约编辑　刁彦如
装帧设计　李　一
出版发行　济南出版社
地　　址　山东省济南市二环南路 1 号（250002）
印　　刷　山东省东营市新华印刷厂
版　　次　2022 年 8 月第 1 版
印　　次　2022 年 9 月第 1 次印刷
成品尺寸　148 mm × 210 mm 32 开
印　　张　9
字　　数　174 千
印　　数　1-5000 册
定　　价　49.50 元

（济南版图书，如有印装错误，请与出版社联系调换。联系电话：0531-86131736）

序

目前，家庭教育越来越引起人们的关注，可是，有关家庭教育的问题非但没有减少，反而呈现出愈演愈烈之势，不少问题甚至成了家长、教师和学校难以解开的一个"方程"。于是，众多关于家庭教育的图书应运而生，甚至呈现出琳琅满目的景象。

我虽然从20世纪80年代末和90年代就已关注家庭教育，可取得的成果并不显著。当时我在《当代小学》担任主编，历时9年之久，采访了一批全国十佳少先队员，惊叹于他们小小年龄，却如此优秀。追根溯源，我发现是其家长卓越的教育起了关键性的作用，于是就开始了采访之旅。此后，我又进一步拓展，采访的对象虽非"十佳"，但也是在全国出类拔萃的孩子及其家长。这些文章陆续发表后，产生了比较大的影响。特别令我欣慰的是，当年我所采访的这些家长教育出来的孩子，现在全都十分优秀，有的还在全国某个领域成了令人仰慕的名人。后来，我将所采写的具有典型代表意义的文章汇集成《父母要成为子女的精神导师——五个孩子走向卓越的奥秘》一书，并由江苏凤凰教育出版社出版。同时，又与当代著名教育家魏书生对话，并撰写成文，由福建教育出版社出版了《做一个优秀的家长》一书。

在这两本书问世前后，我又应邀在全国为不少家长开设了近百场《做一个优秀的家长》《今天怎样做父亲》的讲座。

不过，近些年来，我已将主要精力用到了对《论语》《学记》等经典著作的学习与研究，以及对学校、区域教育和老师的采访报道上，而对于家庭教育的专门采访与报道相对较少。

2021年10月23日由全国人民代表大会常务委员会第三十一次会议通过的《中华人民共和国家庭教育促进法》公布,尤其是于2022年1月1日起施行之后,我再一次将目光聚焦于家庭教育上。正在这个时候,济南出版社李珂总监热情相约,请我撰写一本家庭教育方面的著作。在与他深入交流之后,出版家庭教育著作之意,我已经坚定下来。

在我以前对区域教育、学校、班主任的采访之中,有不少涉及家庭教育的内容,有的还极有特色。如果将其整理、集结,不用几天,就可以编写出一本"新"的家庭教育之书。

不过,我不想走以前自己出版家庭教育之书的老路,也不愿意局限于一般家庭教育类图书的格式之中,因为我一直信奉汤之盘铭所说的"苟日新,日日新,又日新"和《周易》所言的"日新之谓盛德"。所以,我想写出一本具有创意和个性的家庭教育之书,并为此进行过认真的思考。开始的时候,我甚至有一种"山重水复疑无路"的挫败感,可过往的经验和教训告诉我,愈是困难重重的时候,就愈要下定决心破除困难,去迎接黎明的曙光。终于有一天,出现了"柳暗花明又一村"的景象,形成了超越自己而又不重蹈他人覆辙的新路子,从而构筑了由"著名专家访谈""优秀家长采风""名班主任智慧""家校共育风景"四个部分组成的基本框架。

第一部分"著名专家访谈",是对全国在家庭教育方面很有研究的教育专家进行访谈。他们既有很高的理论水平,又有丰富的实践经验,所以,他们所谈有时会让读者情不自禁地生起"听君一席话,胜读十年书"的慨叹。不管是从事家庭教育的专家,还是为人父母者,以及学校的领导与教师,都可以从中汲取非常有益的营养。

第二部分"优秀家长采风",是家长培养出优秀孩子的成功经验的分享。这些家长跟其他家长一样深爱着自己的孩子,可他们表达爱意的方式却别具一格。他们认为爱孩子不只是要为其提供良好的物质生活,还要为其创设有益成长的精神家园。于是,他们的孩子一个个脱颖而出，不但养成了美好的品德，也取得了令人欣慰的成绩，拥有了一个灿烂的发展前景。其他家长如果将这些经验"学而时习之"，也可将自己的孩子培养成才，甚至有可能产生一个巨大的飞跃。

第三部分"名班主任智慧"，是全国名班主任破解家庭教育问题的鲜活而又实用的故事。班主任对孩子在校成长起着举足轻重的作用，也是学校与家长沟通中的关键性人物。不少家长在孩子教育上遇到困惑的时候，往往通过班主任指点迷津方能走出困境。所以，这部分内容不但可以为班主任读者提供治班之道，还可以帮助家长走出困境，重新构建优质的家庭教育环境，而学校在开展家庭教育活动的时候，如果将这些班主任的家教故事作为学习案例，则有可能产生立竿见影的作用。

第四部分"家校共育风景"，是名校长和名校构建家校共育的成功经验与深入思考。现在，尽管各个学校已经建立了家长委员会，也开展了一些工作，但取得突出成绩者并不太多。所以，很多学校迫切需要家校共育的典型，而这部分内容则为他们提供了很好的借鉴，只要"拿来"为我所用，就可以收到很好的效果；如果因地制宜地稍做创新，还有可能成为新的家校共育的典型。

由此可见，以上四个部分并非"各自为政"，而是"你中有我，我中有你"地有机联系在一起，这对于家长教育孩子、班主任做好家教工作和学校构建家校共育体系，都可以起到一定的作用。

我采访的对象，既有几十年前就在家庭教育方面很有建树者，也有当今在网络上极其活跃且又创见迭出者。从表面上看，这两者形成了一种"对峙"样态；其实，从深层次思考就会发现，两者又有着内在的联系。他们的目的是一致的，就是把孩子培养成可持续发展、终生幸福的人，只不过思考的角度与行走的方式不一样罢了。这正如传承与创新是教育发展的两翼一样，缺一不可，否则就很难驶进家庭教育的高层境界之中。

《中华人民共和国家庭教育促进法》规定："中小学校、幼儿园应当将家庭教育指导服务纳入工作计划，作为教师业务培训的内容。"而本书的问世可谓应时而生，为家庭教育培训提供了多元而丰沛的内容。

本书的编排像我以前所出版的书一样，没有按照所写人物和学校名气大小进行排序，而是采取由近及远的形式，即文章发表或写作时间近者排在前面，远者排在后面。

本书沿袭了我以前所出版的60多本著作的写法，一律没用采访对象提供的文字素材。如果把采访对象的文章改头换面变成我的文章，岂不是古人所鄙夷的"文窃公"？做文亦是做人，如果连做人都做不好，文何以能好？所以，对于书中所写的每一个采访对象，我一一通过现场或QQ视频采访，或观看采访对象的讲座视频，将音频、视频材料通过加工、再造、"转译"而形成"陶氏"文章。所以，读者阅读本书的时候，从头到尾都会感受到一以贯之的"陶氏风格"。

这本书我从3月上旬开始撰写，到5月中旬结束，历时两个多月。不过，跟往常一样，整个成书的过程，我都是在幸福中度过的。因为当我结束采访之后有写作思路的时候，我会坐在电脑前迅速而又愉悦地敲击起键盘，文字也便如流水般倾泻而出。这种美妙的感觉，只有身在其中者才能真切地感受到。我希望这种感受能够通过文字载体传递给更多的读者，让大家多一些心灵上的愉悦，收获一定的家庭教育成果。诚如是，出版此书，我愿足矣。

陶继新

2022年5月22日于济南

目录

著名专家访谈

优秀家长
采风

名班主任
智慧

家校共育
风景

著名专家
访谈

给"问题孩子"家长的三条建议

——王明欢访谈录

王明欢

高途家庭教育高级主讲老师，曾参加北大和高途教师心理与发展高端人才研修班，国家三级心理咨询师，英国博赞认证思维导图讲师，已出版《小学生思维导图作文课》《小学生思维导图阅读课》等著作。

孩子是祖国的未来、家庭的希望，有些孩子的表现令父母欣慰不已，可是，也有些孩子身上的问题层出不穷，让父母忧心忡忡甚至痛苦不堪。在采访心理教育和家庭教育专家王明欢的时候，他就谈到令父母困惑的很多问题：有的孩子在做作业的时候磨磨蹭蹭，经常拖延上交作业的时间，甚至完不成作业；有的孩子到了青春叛逆期，沉迷于网络游戏，与父母产生矛盾，甚至一气之下干脆"罢课"，不再上学，这让家长心急如焚，即使用尽全身解数，也无济于事；有的孩子心理出现严重问题，甚至患上抑郁症，以致有了生命之忧，如此等等，不一而足。一些家长在走投无路之时，听说王老师可以化解他们心中的忧愁，帮助他们解决棘手的问题，于是就前来咨询，从而从"山重水复疑无路"的迷途中，走到了"柳暗花明又一村"的新天地。

为此，我采访了王老师，问其有何"起死回生"的妙招。这次采访虽然时间不是太长，却让我满载而归，并对王老师生起由衷的敬佩之情。

王老师认为，孩子出现的各种各样的问题只是一种外在表现，而真正的根源在父母身上。他们的父母在小学、中学和大学时期学习了不少学科知识和技能，有的学业还十分优秀，可是却没有学习如何为人夫、为人妻，怎样做一个好爸爸、好妈妈，以及如何教育好孩子等。很多家庭教育深受原生家庭的影响。王老师形象地把这样的家庭教育比喻为复印机，父母是原件，孩子是复印件，如果原件不改变的话，复印件也就不可能改变。比如一些错误的家庭教育理念和行为往往是"薪火相传，绵延不绝"的。大人将打孩子作为教育孩子的主要手段的话，孩子长大成人做了父母之后，也有可能继续用打孩子的手段教育自己的下一代，这无疑是在代代相传地伤害孩子。而作为父母，有些家长却认为如此而为系天经地义之事，甚至还炫耀自己"棍棒之下出孝子"的育儿经。

王老师认为，并不能由此指责这些父母不爱孩子，只不过他们爱孩子的方式是错的，所以父母要以正确的方式爱孩子，不然，所谓的父母之爱就有可能结出与之期待相反的果实。

那么，父母该如何爱孩子，才能解决困扰他们的问题呢？王老师提出以下三条很有智慧的建议。

一、了解孩子

说起了解孩子，有的父母也许会说，从孩子呱呱坠地之日起，我们就与孩子在一起，还有比我们当爸爸妈妈的更了解自己孩子的吗？

王老师说，父母对孩子的了解确实不少，可他们关注的多是孩子的吃穿住行、生活习性等外在表现而已，很少能真正走进孩子的内心世界。更多的父母看到的多是孩子由小到大的身体变化，却鲜有父母关注孩子在不同年龄段的生理尤其是心理的变化。因为绝大多数父母在孩子出生之前没有阅读和研究过儿童心理学和教育学，从本质意义上说，他们并没有获得当父母的"资格证书"。我们都知道，当教师首先要取得教师资格证书，父母却根本没有获得"父母资格证书"就"走马上任"了，而且他们认为当父母根本无须学习，就能胜任这一对孩子终生成长有着极其重要作用的角色。所以，由于从来不学习和研究孩子在不同年龄阶段会出现什么样的问题，一旦孩子在某个时段"变异"，家长就会感到猝不及防又大惑不解，不理解原来那么好的孩子为什么突然变得如此匪夷所思。

王老师认为，为人父母者应当对0~18岁孩子的每一个成长发展阶段都有一个基本的了解。比如在3~6岁上幼儿园的年龄段，孩子往往对父母不再百依百顺，即使父母不同意，也非要吃自己想吃的东西，穿自己想穿的衣服等，父母对此很是不解——这么小的孩子，性格怎么就这么倔呢？其实，父母如果学习了儿童心理学就会恍然大悟，这个年龄段的孩子正处于以自我为中心的心理期，他们对很多问题根本不会换位思考。可到了小学阶段，不少孩子就会换位思考了，那种以自我为中心的思想便逐渐淡去。但有的父母对此一无所知，用压制、强迫甚至打骂的手段粗暴地对待处于3~6岁年龄段的孩子，这样做就有可能破坏孩子的安全感。这种做法的影响会在未来某个时期以另外一种方式显现出来，比如到了小学，孩子会不自信、学习不太专注等。父母如果学习了儿童心理学，就会正确地对待孩子在幼儿期的这些特殊行为，并因势利导，让孩子较早地走出以自我为中心的困境。

前不久，王老师在接受咨询时遇到这样一个案例：

一个女孩从小是在父母的强制压迫下成长的。上小学的时候，她在家里对父母唯命是从，父母常为有这么一个特别乖巧的孩子而欣慰不已；在学校里，对于老师的要求，她也不敢越雷池一步，被老师认为是一个十分听话的好学生。可是上了初中之后，这种家庭教育给女孩带来的不安全感便悄然浮出水面，她经常担心老师不相信自己，怀疑同学敌视自己，不再安心学习，成绩也每况愈下。所以，她不再喜欢学校，总是想着不去上学。可是，她的父母并没有重视她这一行为，还强迫她必须上学。初二开学时，她毅然决然地对父母说出不想再上学的事。性格刚烈的爸爸一气之下把女孩打了一顿。女孩认为自己受到了奇耻大辱，跑向阳台意图跳楼自杀。幸亏眼疾手快的妈妈上前拉住了她，悲剧才没有发生。

这件事发生后，这个女孩不但更加害怕爸爸，还对爸爸由爱转**恨，一见到爸爸，就要跳楼自杀，吓得爸爸久久不敢回家。**

妈妈带着女孩去医院就诊，女孩被确诊为中度抑郁症，并开始服药，可是效果并不明显。后来，女孩的父母听说王老师是一位心理教育和家庭教育专家，很多孩子身上出现的问题都可以在他的帮助下得到解决。

王老师热情地接待了这一家三口，不但对这个女孩一次又一次地进行心理疏导，而且三番五次地为这对父母"治病"，让女孩的父母意识到是自己不了解孩子才酿成了这样的恶果。父母在反省和悔恨的同时，又在王老师的推荐下，认真阅读了一些心理学的相关著作。

令人欣喜的是，经过半年多的治疗，这个女孩已经复学，她的父母也不再用强制、粗暴的态度对待她，而是更加理解、尊重她，让她感受到来自家庭的温馨感和安全感。

遗憾的是，到目前为止，很多孩子出现与这个女孩类似的问题时，父母依然认为是孩子出了问题，将孩子推向学校，或者认为孩子已经不可救药，便不管不问，听之任之。这不但毁了孩子的前程，也会让父母终生遗憾。

所以，王老师在接受心理咨询时告诫孩子的父母要追根溯源，从自身寻找原因，并引导他们更多地了解孩子，尤其要走进孩子的心理世界。这样的话，很多出现在孩子身上的问题就有可能迎刃而解。

二、夫妻关系

王老师认为，有些孩子出现问题与其父母不和谐的夫妻关系有很大相关性。如果夫妻关系冷淡的话，孩子就很难在家中感受到爱，甚至会缺乏安全感。

目前，中小学单亲家庭的孩子呈现出有增无减的趋势，他们之中的不少孩子都或多或少存在心理问题。夫妻两人走到离婚的地步时，家庭环境就不可能和谐美好。尽管大部分父母都不会由此而不爱孩子，但他们经常在双方对峙的言行中无意间向孩子传递出抱怨、气愤甚至仇恨的情绪，让孩子的内心感到担忧和恐惧，甚至有可能因此埋下仇恨的种子。于是，当孩子走出家庭，到了学校或社会上之后，他们就会自觉或不自觉地将心中之火燃向同伴或他人。更令人担心的是，这种不健康的心理不但会在孩子上学期间不时地显露出来，还会继续在其心里存留甚至蔓延，长久地困扰孩子，甚至危及他人。

王老师在接受这类孩子咨询的时候，总要在他们的父母身上下很大一番功夫。他劝告孩子的父母，即使闹得天翻地覆，也一定不要在孩子面前争个鱼死网破。如果走到非要离婚的地步，更好的方式是友好地分开，并得到孩子的谅解。父母任何一方都有选择各自幸福的权利，却没有因此而不爱孩子的权利。为了孩子更好的成长，即使离婚而后各自成家，父母双方也要承担起爱和培育孩子的义务与责任。

王老师发现，有的父母虽然没有闹到非离婚不可的地步，可是双方经常为了一件小事而争吵不断，让孩子在家中不得安宁，从而影响孩子的心理健康与学习质量。而中小学生抗拒外来压力的能力有限，尤其是父母之间的矛盾与争吵，更会让他们不堪重负。所以，王老师奉劝这样的父母，不要只将对孩子的爱挂在嘴上，而应当很好地付诸行动，为孩子营造一个安全而又温馨的家庭环境。这样，很多孩子身上出现的问题就会自行消退。

和谐的夫妻关系会在无形中构建一种家庭文化，而文化的要义之一就是以文"化"人。有担当、有教养的父母会和睦、友好地相处，着意营造一种良好的家庭环境，去"化"身在其中的孩子，从而让孩子拥有一个美好的童年。这种良好的家庭环境不但让孩子在当下感受到家庭的温馨与美好，所带来的影响还有可能在其未来的生命里延伸，从而让他们终生幸福。

三、亲子沟通

亲子沟通质量的好坏和效果的优劣与父母的家教理念和教育方式有着直接的关系。如果父母认为孩子是自己的，必须对自己唯命是从，否则就应受到批评乃至处罚，就很难培养出孩子孝敬父母的良好品质，还会影响到孩子健康人格与心理的形成。

王老师告诫父母们，一定要有一个坚定不移的信念，那就是孩子与父母在人格上是平等的，孩子要尊重父母，同时父母也要尊重孩子。父母要在自己与孩子之间架起一座"无话不谈"的桥梁，在平时尤其是家庭大的决策事务上，要很好地征求孩子的意见与建议，有必要的话，可以开一个家庭会议，让包括孩子在内的所有家庭成员各抒己见。如此而为，孩子不但能感受到父母对自己特别尊重，而且会觉得自己在家庭中也是一个小主人，从而更加信任父母、尊重父母，并为自己是家庭中的一员而感到自豪。

有的父母也许会说，我的孩子有很多毛病，还屡教不改，自己根本没有办法与孩子沟通。

王老师认为，孩子在成长的过程中出现一些问题，当然会让父母操心和忧虑。可是，父母一定要明白一个道理，孩子毕竟是一个孩子，不可能不犯错误。父母的责任就是帮助孩子改正错误和少犯错误。如果父母一味地批评、指责孩子，非但不能让孩子知错就改，反而有可能让孩子产生逆反心理，以致孩子心中不服，甚至与父母对抗。

为此，王老师主张父母对孩子一定要有包容心，不但要帮助孩子改正错误，还要发现孩子身上的闪光点，即使闪光点很小，也要及时表扬，从而让孩子觉得父母不只看到了自己的缺点，也看到了自己的优点。久而久之，孩子就会更加自信。在这个过程中，王老师强调，有效地沟通非常重要。当孩子有了好的表现时，父母在表扬的同时，还要与孩子交流为什么孩子身上会有这种优点，这种优点对孩子未来的发展有什么好处；当孩子身上出现问题时，父母不应居高临下地批评一番，而要循循善诱地与孩子交流，分析这个问题为什么发生、它有什么危害、如何纠正、纠正之后对孩子有什么益处等。这样的沟通会让孩子心服口服，且会主动地改正错误。如此，既解决了孩子身上存在的问题，又让亲子关系变得更加和谐，可以称得上是一举两得。

　　同时，王老师也告诫父母，在与孩子沟通的时候，肯定会出现不太成功或者不太顺畅的时候，千万不要因此灰心丧气，更不要抱怨孩子不可造就，而要检点自己的沟通方式是不是恰当。有的时候，父母可以通过阅读相关的专业图书，寻求更佳的沟通方式；也可以通过心理咨询，在心理老师的帮助下化解父母与孩子之间所产生的矛盾。笔者通过视频看到过王老师接受一对母女咨询时的情况，视频中的妈妈一直抱怨女儿做作业太慢，开始的时候还不愠不火地对女儿予以规劝，可几经规劝后，妈妈看到女儿依然故我，就心中有气，对女儿大声斥责起来。而女儿不但没有听从妈妈说的话，反而有了抵触情绪。由于母女之间从来没有就这个问题进行过沟通，所以母女关系也愈演愈烈。后来在王老师的引导下，妈妈和女儿敞开心扉进行了沟通，于是，母女双方尤其是妈妈发现了自己的问题，两人在王老师面前击掌言和。

王老师特别欣赏老子所说的"上善若水"，因为"水善利万物而不争"。亲子沟通也要像水一样，虽然"不争"，但却可以"天下莫能与之争"。就像上面所谈的母女二人，虽然不再"争"出谁是谁非，却自然而然地解决了问题。

中国第一篇教育学论著《学记》说得好："发然后禁，则扞格而不胜。"是啊，问题出现了再去禁止，无论用什么强硬的办法，也无法使问题完全消除。所以，王老师告诫家长，亲子沟通最好在"禁于未发"之时，比如迷恋游戏、和异性的非正常交往等问题，父母都要在孩子还没有出现这类问题时就与孩子进行及时有效的沟通，这种"预防"式的沟通往往可以收到事半功倍的效果。

家长应承担解决孩子青春叛逆的责任

——柏燕谊访谈录

柏燕谊

中国心理卫生协会注册心理咨询师、心理畅销书作家、媒体特约心理专家、心启航公益服务中心主任、百诚释心心理咨询中心创始人、北京市婚姻家庭研究会副会长；中央电视台《夜线》《小鬼当家》栏目常驻心理专家，地方卫视《金牌调解》《谢谢你来了》《爱情保卫战》《育儿大作战》《第三调解室》栏目常驻心理专家；2014年北京市人民调解工作"和谐之星"，2015年北京市三八红旗手，2017~2021年蝉联全国前50名最有影响力心理咨询师；2006年至今个案心理咨询时间累计超过1万个小时，举办各类心理公益讲座近百场，深度采访、心理干预帮助家庭3000多个。

不少从小对父母唯命是从的乖孩子，到了青春期却发生了天翻地覆的变化，不但不听父母之言，而且有时还公然与父母对抗。一些平时心无旁骛专注于学习的孩子，这个时期却在学习的时候心猿意马，有的陷入网络游戏之中不能自拔，有的徜徉在早恋的"爱河"里不知归路。而青少年自杀等极端行为也已不再罕见。对此，父母用尽了各种方法，却见效甚微，因"不知路在何方"而苦不堪言。

那么，孩子在青春期的叛逆心理和行为形成的根源到底在哪里，又如何有效地破解这个难解的"方程"，就成了父母迫切需要解决的问题。为此，笔者采访了全国著名的心理教育和家庭教育专家柏燕谊老师。

一、追根溯源

不少父母认为，青春期是每个孩子都要经历的一个生理过程，过了这一时期，孩子身上出现的问题就会不治自愈。因此，对于孩子在青春期出现的各种问题，父母往往采取听之任之的态度，尽管时常被孩子的"叛逆"言行"折磨"得痛苦不堪，也只好"忍气吞声"，期待这个特殊时期早日结束。

这样的认识显然将孩子叛逆的原因全部推到了孩子自己身上，可柏老师认为，青春期叛逆与孩子的生理固然有着一定的关系，可如果追根溯源，却可以从家长那里找到答案。到了青春期，为什么有的孩子反应非常激烈，有的孩子则反应轻微，甚至并无反常现象。我们由此顺藤摸瓜就会发现，不同的家庭教育是孩子叛逆轻重或者是否叛逆的根源所在。

柏老师说，孩子在小时候尤其需要父母之爱，可有的父母却因为各种原因忽略了孩子的这种心理需求。比如，有的父母由于忙于生意或工作，导致孩子在很小的时候很难得到应有的关爱，甚至从早到晚或好多天见不到父亲或母亲，即使有时见面，父母也是来也匆匆，去也匆匆。更有甚者，父母经常吵闹或打架，以致两人势不两立而分道扬镳，对孩子的关照少之又少，甚至无暇顾及孩子。孩子在这样的家庭中生活数年甚至十多年，心理上的创伤之多可想而知。所以，青春期的叛逆不仅仅是当下的呈现，此前不和谐的家庭关系早已种下了恶果。

孩子在小时候凡事都听父母和老师的，在家是个好孩子，在校是个好学生；到了青春期，则有了不少自己的想法。可在此前的家庭模式中，这种自主意识是不被父母认可，更不被欣赏的。于是，孩子与父母之间自然就会产生冲突和对抗。这让父母大动肝火，于是父母对孩子进行批评甚至惩罚。这个时候，孩子就感到在家里没有了存在感与价值感，只好通过快速且刺激的电子游戏等方式来获取自我价值实现的满足感。孩子只要打开手机，进入游戏天地，就会有人听他们的，还可以不断地从中收获成功的喜悦。于是，电子游戏在无形中"提升"了孩子的存在感和价值感。这个时候，孩子很难再集中精力学习，久而久之，学习成绩每况愈下。于是，父母火冒三丈，并对孩子大加斥责，从而与孩子形成新的对抗，进一步恶化了亲子关系，让孩子的叛逆再次升级。

本来就缺失家庭之爱的孩子，这个时候对爱就更加渴望。而在电子游戏的世界里，这些孩子突然发现有不少异性可以满足自己的需求，从而获得对爱或性的满足感。比如，孩子对网上的某个异性说"咱俩拉拉手吧"，由此增进了"友谊"甚至有了某些"爱"的冲动，进而有了继续聊天的愿望；在与异性聊天聊得越来越亲密的时候，就又有了想进一步发展之想，以至接吻甚至发生性关系等。其实，这样的孩子并不一定真的对性关系有着特别强烈的渴求，只是担心如果不跟异性发生性关系，对方就有可能不再陪自己聊天，也不再爱自己。

对此，柏老师从生理角度上找到了这些孩子如此而为的"合理"因素。青春期正是孩子性意识觉醒的时期，他们对自己的性别有了更明确的认识。小时候，他们只知道自己是一个男孩或者女孩，爱与性并无关系。可到了青春期有了性意识之后，他们就有可能用性去交换爱，他们认为自己如果不付出一些的话，就可能得不到对方的爱。

柏老师由此将话题又回到孩子小时候的父母之爱上。那时的孩子认为，如果自己不好好学习、考不出好成绩，爸爸妈妈就不会爱自己；相反，如果自己考了100分，父母就会更爱自己，还会奖励自己。当时在孩子的潜意识里种下的这颗种子，到了青春期便破土而出，结出了与当年父母之爱截然不同的果实。

柏老师说，从另一个方面来讲，孩子不只是在青春期渴求父母之爱，从他们出生之日起就有这种需求。可是，不少父母对孩子要么爱得不够，要么爱的方式不正确，所以，才有了孩子在青春期的叛逆。

因此，如果一个孩子在青春期之前的心理需求、爱的体验、被尊重的体验、存在感等，都可以从家庭中得到满足的话，孩子内心就会有一种特别坚定的幸福感，会认为"我是好的，我是被爱的，我的存在是合理的，我是有价值的"，到了青春期就不会出现太大的问题。

笔者在全国采访过很多学生时代非常优秀并且长大之后事业成功者，他们的父母不但特别爱他们，而且爱得很有智慧，从而让孩子从小就拥有安全感和幸福感。需要说明的是，这里所说的爱，并非在物质上给予孩子过分的满足，而是让孩子的精神生活变得丰富多彩。所以，这些孩子在青春期到来的时候，非但没有出现叛逆行为，反而变得更加卓越，让父母为之骄傲，让老师欣赏不已。

相反，如果一个孩子在青春期之前得不到他本应得到的爱，就不可能拥有一种坚定而幸福的感觉，进而错误地选择了与父母对抗，或者自我放弃，形成一种叛逆的"性格"。

二、对症下药

柏老师在接受心理咨询的时候，不但观察孩子的外在表现，更探究这一表象之下的内在原因，到孩子的家庭中去寻找答案，并指导父母进行有效的解决。

柏老师说，前不久她接待了一对前来咨询的父母，他们的大女儿已经休学两年，对上学完全失去了兴趣。作为父母，他们曾经做过很多努力，却都无济于事，他们觉得自己的大女儿现在已是无可救药。之所以前来咨询，是因为他们还有一个小女儿，小女儿很快就要入学，他们担心由此影响到小女儿，想让柏老师给他们出个妙计，尽快解决这个问题。

柏老师问这对父母：孩子初中都没毕业的话，未来如何生活呢？

这个孩子的爸爸是做生意的，有一定的经济基础，所以他无可奈何地说，结婚也好，在家里吃喝玩乐也行，她愿意干什么就干什么，他们只好养她一辈子了。

这对父母并没有真正走进孩子的内心，他们可以在吃穿住行上让女儿无忧无虑，却无法排解女儿心中的痛苦。父母对孩子的行为听之任之是很不负责任的，会在无形中对孩子产生消极的影响，让孩子感到父母对自己漠不关心，甚至由此以一种更加激烈的方式做出更多"叛逆"的行为。父母却认为是孩子不愿意上学，与自己没有什么关系。如此而为，如果说此前十多年间父母没有用爱温暖孩子的内心的话，那么现在父母的做法又无意间在孩子心里撒上一把盐。

所幸这对父母遇到了柏老师。正如病人到医院就诊一样，面对患者的头疼，良医一般不会立即判断为感冒所致，而是要进行全面排查，比如患者除感冒之外，是不是血压有问题，是不是脑子里长了肿瘤等。找出病根，才能对症下药。头疼如果是血压过高所致，而医生只把它当作感冒治疗的话，即使患者吃再多的药，也无济于事。所以，要想解决这个女孩如此严重的青春期叛逆问题，必须从她父母那里寻根问底，比如父母双方或其中一方是不是有人格缺陷，是不是重男轻女，是不是受到过家暴的打击，等等。所有这些在父母心里留下的创伤，都会在不经意间传递到孩子身上。父母如果找到了问题的源头，就不能让孩子重蹈自己的覆辙，要积极地陪伴孩子，及时地解决孩子的心理问题，让孩子感受到家庭是心灵的港湾，父母是解开心锁的知心朋友。这样，孩子身上出现的很多问题就有可能得到解决。

经柏老师点拨之后，这对夫妇才开始思考自己成长过程中所受到的家庭教育。原来，女孩妈妈的父母有着严重的重男轻女思想，女孩妈妈虽然饱受其苦，却将父母的这一思想又根植到了自己的心里，且在无意间将作为女性的自卑感也一并投射到女儿身上。正如"积水成渊"一样，到了一定的时候，女儿心里的压抑就会爆发出来，甚至公然与父母对抗。而父母非但不能理解，反而认为女儿无事生非和不可造就。

柏老师诚恳地告诫这对父母，他们既然已经从自身找到了原因，就要用爱心、尊重等解开女儿的心结。不然，后果将不堪设想。

柏老师认为，这对父母及其孩子的问题并非特殊的个案，社会各界应当引起高度重视。她建议为人父母者一定要多读一些如何做父母的书，从中学习解决孩子青春期叛逆问题的知识和方法；同时，也可以借助心理咨询或者家庭教育咨询对自己及家庭进行诊断；更重要的是，要特别重视对孩子的陪伴和尊重。有的父母也许会说："我们长年累月地在外地打工，如何陪伴孩子？"柏老师告诉他们，他们虽然不能在身边陪伴孩子，但却可以在精神上陪伴孩子。父母可以利用不多的空闲时间打开手机，与孩子进行视频交流，这样一来，孩子就会感受到父母对自己的关爱，会觉得父母虽远在他乡，却时时记挂着自己，心中就会涌起一股暖流。除了感受到父母之爱，孩子还会懂得感恩父母，从而在心底生起一股积极向上的精神力量。此外，亲子共读也是一种很好的交流方式，父母可以选择一些通俗易懂而又对孩子的成长有价值的书与孩子一起读，读完后再进行交流。好书中不但充满智慧的光芒，还有很多真善美在其中款款流淌。读得时间长了，孩子自然会沐浴在美好之中，而在这个过程中，亲子关系也会越来越和谐。还有，不在孩子身边的父母，一定要记住孩子的生日，届时为孩子发来祝福，让孩子感受到家庭的温馨。这些虽只是举手之劳，却可以润泽孩子的心田。而长期在这种爱河中游弋的孩子，自然也就拥有了满足感和幸福感，等到了青春期，也就不至于特别叛逆。

柏老师认为，青春叛逆期的形成，也与整个社会形势有着一定的关系。现在的为人父母者多为"70后""80后""90后"，他们从小接受的更多的是服从性和集体性教育，这一时期强调德性教育，而忽略了尊严的教育、爱的教育和孩子的内在需求。所以，他们为人父母之后，自觉或不自觉地将自己小时候所受到的家庭教育移植到孩子身上，而且并不知道自己犯了错误，反而认为问题全在孩子身上。古人曾说过："世易时移，变法宜矣。"时代变了，家庭教育的内容与方式也应当因时而变，就是孩子玩耍的载体，也与以前有了天壤之别。柏老师出生于20世纪70年代，当时物质资源极其匮乏，供孩子娱乐和玩耍的载体只有黑白电视或收音机等，这在当时已经是相当奢侈的娱乐工具了；孩子们有时也跳皮筋或打篮球，玩得不亦乐乎。反观现在，可供孩子玩耍的载体数不胜数，同时孩子身边也有太多的诱惑和考验。他们随手拿起一部手机，就能够得知世界上发生的一些事情；通过手机进入电子游戏世界，可以一天24个小时在其中"遨游"。在柏老师上小学和中学的时候，偶尔会听到某个孩子因为特殊原因而离家出走，其实，当时交通很不发达，离家出走可谓难乎其难。反观现在交通如此发达，孩子的心理问题又一直居高不下，可离家出走者并没有剧烈增加。柏老师认为，现在的孩子虽然身体不离家出走了，但精神却离家出走了。有的孩子将自己反锁在屋子里，整个灵魂全都沉浸在网络游戏之中，去网络中游荡了。以前的孩子离家出走还要考虑有没有钱花，晚上有没有地方住，现在的孩子在精神上的离家出走对于这些物质条件的限制可以全然弃之而不顾。

柏老师说，逃离痛苦也并非没有积极的应对方式，比如勇敢地面对困难，不怕吃苦，拼命奋斗，去攀登人生的高峰。可遗憾的是，真正如此而为者少之又少，因为这样做不仅要付出巨大的努力，而且还需要比较长的时间。而目前的不少科技产品则为孩子逃离痛苦提供了捷径，只要打开电脑或手机，孩子就可以轻而易举地享受到放纵而又自认为美好的感觉。所以，要想让孩子舍弃当下之乐而去做艰苦的努力，无疑有着不小的难度。

　　柏老师认为，这些问题也并非无法解决，关键是父母要将亲子关系调整到健康的模式，父母只有觉醒，才能真正去保卫孩子的青春。孩子的精神一旦被唤醒，就会焕发出巨大的潜能。

　　柏老师也特别提醒家长们，对于孩子在青春叛逆期之前的十几年里所形成的人格和心理结构上的一些缺损，以及某些精神上的匮乏，父母企图用一两个星期或者一两个月就让孩子走出困境，那是绝对不现实的。不过，世上无难事，只怕有心人。家长只要下定决心为孩子重新营造一个美好的精神世界，就一定能收到理想的效果。

　　相反，父母如果把家庭置之度外，将孩子推给学校、推给老师或者推给医生，那只能是治标不治本，解决不了根本问题。所以，不管是做心理咨询工作，还是做家庭教育工作，其实都是在做心理科普。科普的主题就是父母虽然最爱孩子，但爱的方式未必是恰当的。父母要有勇气去正视过去错误的方式并积极地去改变它，用爱灌溉孩子已经干涸了的心田。诚如是，孩子才有可能像田野里久旱逢甘露的花儿一样，重新绽放出鲜艳的花朵。

好关系才有好教育

——朱永新访谈录

朱永新

现任全国政协常务委员兼副秘书长，民进中央副主席，中国陶行知研究会会长，中国教育学会家庭教育专业委员会理事长，苏州大学教授、博士生导师。

在国内及美国、英国、日本等国发表有关教育的论文、文章400余篇。著有《朱永新教育作品》（十六卷）、《我的教育理想》、《我的阅读观》等。曾被评为"回响中国——2009年度教育风云人物"、改革开放30年"中国教育风云人物"、中国改革十大新闻人物、《南风窗》"为了公共利益"年度人物、原国家新闻出版总署"全民阅读形象代言人"、国际儿童读物联盟IBBY-iRead爱阅人物等。

父母都希望自己的孩子成人成才，且为此百般努力，可是，有些父母的教育方式不仅起不到理想的效果，甚至还会让孩子走向反面。为什么会出现这样的情况？朱永新教授认为，原因非止一端，没有构建良好的亲子关系，当是一个重要的因素。

不只是家庭，学校亦然。学生喜欢哪门课程，多是喜欢教这门课的老师；相反，如果讨厌某个老师，即使这个老师的教学水平再高，学生也依然对这门学科不感兴趣，更不可能取得好的成绩。由此折射出一个道理——有了良好的关系，才能有好的教育。

所以，高明的父母首先要建立好的亲子关系，与孩子的关系和谐美好了，好的教育也便自然产生了。那么，怎样才能建立和谐美好的亲子关系呢？朱教授谈到五个关键词——尊重、信任、规则、爱、陪伴。父母把这五个关键词牢记在心且做到"知行合一"，教育起孩子来便如鱼得水，且大多能抵达一个非常理想的境界。

一、尊重

说起尊重，一般人多认为孩子应当尊重父母，而父母的责任则是教育孩子，如果孩子不遵父母之命或不如父母之意，就应当受到批评、呵斥甚至轻重不同的惩罚。有的时候父母还会说出一些令人

"无可辩驳"的理由："你是我生的，也是我养的，你不听我的怎么能行？"

朱教授说，父母养育孩子确实付出了很大的心血，可是不能由此认为孩子是自己的私有财产，更不能认为孩子必须唯父母之命是从。从本质意义上说，父母和孩子在人格上是平等的，孩子当然要尊重父母，同时父母也要尊重孩子，尽管两者所说尊重的内涵与外延有所不同。比如，孩子应当主动向父母问好，这个时候，父母也应当对孩子有所回应，让孩子感到父母也在以另外一种形式尊重自己。而且，父母心中一定要有尊重孩子的意识，而这种尊重更多的是尊重孩子的想法。家中欲做之事，尤其是大事、要事，尽可能地听听孩子的意见，有时还需要召开包括孩子在内的家庭会议，从而形成共同决策的机制。这样一来，孩子会觉得自己不仅是父母的孩子，也是这个大家庭中的一个重要成员；自己非但不是无足轻重，而且拥有知情权、决策权和执行权。

朱教授谈到一个著名作家的故事。一天晚上，作家外出散步，对面走过来一个饥肠辘辘的乞丐，向他乞讨一些吃的东西。这个作家出来时没带吃的东西，就想给他一些钱，让他去买点儿食物充饥。但由于是出来散步的，根本没准备买什么东西，所以作家将各个衣服口袋掏了个遍，也没有找到分文。他很抱歉地对这个乞丐说："对不起，兄弟，我身上没有带钱，请原谅！"

没想到这个乞丐非常激动地握住这位作家的手说："谢谢您，先生！"

这更让这位作家感到尴尬了：什么都没给他，他反而还说要感谢自己。

没想到这个乞丐这样说道："您不是没有给我东西，而是给了我世界上最珍贵的东西，那就是尊重，您把我当人来看待了。这么多年来，每逢我沿街乞讨的时候，总有一些孩子跟在我后面又说又笑，有的说我是'要饭的'，有的口出脏话骂我，甚至拿土块、石块砸我，有的还让狗咬我。不只是他们不把我当人看，时间长了，我也已经不把自己当人看了。所以，我原本打算今天讨一顿饭吃完后就离开这个世界。但是您叫我一声'兄弟'，让我觉得这个世界上还是有人把我当人看的，就为这，我也要活下去。"

一声"兄弟"，蕴含着对一个人的尊重，并由此挽救了一个人的生命。可见，尊重的意义何其大也！

朱教授认为，既然乞丐都应当受到人们的尊重，孩子更应当受到父母的尊重。因为孩子也是有人格尊严的，当父母把孩子视作低一级人看的时候，心灵的对话之窗就会自动关闭，亲子关系就不可能和谐。

朱教授由此谈到了马斯洛的需求层次理论，即人类需求像阶梯一样从低到高按层次分为五种——生理需求、安全需求、社交需求、尊重需求和自我实现需求。可见，在这五个层次中，"尊重需求"处于仅次于"自我实现需求"的上层位置。所以，不但父母需要孩子的尊重，孩子同样也需要父母的尊重，尊重是任何人都有的心理需求。只有当父母真正尊重孩子的时候，家庭中才会建立起平等和谐的亲子关系，孩子才会感到自己在家庭中有了存在价值，且会与父母成为无话不谈的朋友：有了成绩，会告之于父母，与他们分享；有了问题，亦会告之于父母，让他们帮助解决。这样不仅能让孩子心理上出现的问题解决于未发之时，还能让孩子获得更好的发展。

二、信任

朱教授说，信任在家庭教育中具有特别的意义，为什么呢？因为信任是基于对一个人的基本假设，即每个孩子都是最棒的，每个孩子都可能成为最好的自己。如今，教育有一个很大的问题就是充满了对孩子的不信任，以一种很高的标准来要求他们，甚至要求所有的孩子都要达到这个标准。可是，绝大多数孩子离这个标准都很远，所以，在父母眼里，孩子往往是失败者，并由此引起父母对孩子的批评，或者在言谈话语中流露出对孩子的失望，自觉或不自觉地向孩子传递出一种消极的心理暗示，以致让孩子也认为自己确实不行，从而对自己失去信心。

爱默生说："自信是成功的第一秘诀，自信是英雄主义的本质。"朱教授则说："教育就是点燃人自信的过程。"其实，他信和自信之间有一种非常密切的关系，在家庭中，没有父母的信任，孩子就很难建立起自信。所以，朱教授说，有些孩子之所以没有走向成功，一个重要的原因就是父母只用一个标准去要求自己的孩子，即让孩子考出很好的成绩，考上名牌大学。如果达不到这个标准，父母不但会对孩子失去信任，甚至还会对孩子的自信心进行打击，以致让孩子失去走向成功的信心。其实，不同孩子的成功道路未必都是同一条。如果以学习成绩为标准来要求一些体育健将，他们则成了失败者；可是，他们却在世界体坛上大显身手，为国争光，这不是成功又是什么？其实，每个人都有可能成为最好的自己，而父母要做的就是通过信任孩子让他们发展得越来越好。

朱教授提及这样一对年轻夫妇，他们都是"985工程"大学毕业的高才生，后来又在国外某名牌大学读了博士后。两个学霸父母满以为可以培养出一个新学霸，没想到儿子的学习成绩却很差，这令他们两个百思不得其解，并为此感到痛苦，甚至对儿子失去了信心。可是，后来他们慢慢发现，儿子不但不是一无是处，还有很多别的孩子身上没有的优点。儿子一直坚持锻炼，身体素质很好，对父母非常孝敬，而且十岁时就能做出一桌好菜。儿子非常喜欢厨艺，在这方面很有天赋，甚至可以无师自通。他们吃了儿子做的菜，感到很是幸福。后来，他们发现儿子除了学习成绩差之外，很多方面都有出类拔萃的表现。于是，他们突然悟出一个道理："考上北大、清华，最后也是为了幸福。现在我们不是因为有了这样一个儿子更加幸福了吗？"他们满心欢喜，全力支持儿子做他喜欢的事，认为儿子将来一定可以成为一位了不起的厨师，相信儿子不但会因为厨艺高超而受到顾客的欢迎，还会因为待人真诚而受到人们的尊重。这不是幸福是什么？是啊，幸福比成功更重要，成人比成才更重要。

朱教授希望天下的父母都能信任自己的孩子，诚如是，他们的孩子就有可能因此而走向成功。同时，孩子也会因为父母对自己的信任而更加信任父母，从而让家庭关系更加和谐美好。这样一来，全家人的幸福指数也会不断攀升，而身处幸福之中的人也会更好地投入到其所喜欢的事业之中，从而做出一番成就。

三、规则

孟子说："不以规矩，不能成方圆。"可是，很多父母在管教孩子的时候，随意性太大，没有规则可言。有的时候，父母今天允许孩子做的事，说不定到明天就要禁止。比如，父母一时高兴，对孩子说明天可以玩两个小时的电子游戏，可第二天却脸一沉，以毋庸置疑的口吻命令孩子只能玩20分钟，或者就干脆不允许孩子玩。对此，父母并没有感到有什么不妥，认为自己是一家之长，孩子当然要听自己的，况且自己如此而为全然都是为了孩子。所以，当孩子并不领情的时候，父母则感到不可思议，甚至大发雷霆，尤其对于青春期孩子的叛逆行为大为不解和大动肝火，让亲子关系不断恶化，甚至到了水火不容的地步。

朱教授认为，这里面固然有心理学、教育学等的问题，但也与家庭没有制定相应的规则有着更大的关系。

有的父母却说："我们已经制定规则，可是孩子依然违规而行，有时还不乏蔑视规则的言行。"

朱教授就问他们："规则是你们自己制定的，还是和孩子共同商定的？"

父母不以为然地说："当然是我们制定的。"

朱教授认为，既然是家庭规则，家庭中的所有成员都应当参与规则的制定。而且，在制定规则的过程中要允许有不同的声音和意见，父母应与孩子进行思想碰撞、交流与讨论，最终达成妥协与共识，形成家庭规则。这样，再让孩子执行规则的时候，他们自然就会有心理上的认可。其实，这不仅是规则，也是一种文化，可以称之为"规则文化"。规则文化就像学校文化一样，要有一个群体认可的过程。共同制定家庭规则，才能让规则化之于父母尤其是孩子的心中。有了心理上的认可，才能形成规则文化，才能让孩子心服口服地执行规则。否则，由于没有将规则化之于心，孩子不听父母之言甚至顶撞父母也就不足为怪了。

朱教授说他到中国西部参加一个教育活动的时候，听一位教育局局长讲述了一个令人心酸的故事。说的是平凉市有一个学生，成绩优秀，其他方面的表现也很好，是大家公认的品学兼优的学生。这个学生的父亲是一位电脑工程师，常为有这么一个优秀的儿子感到欣慰和自豪。疫情期间，孩子居家上网课。为了监视孩子是否认真上网课，他在孩子的电脑上悄悄地安装了一个软件。结果，有一次，一天六节课，孩子竟然有三节课虽然打了卡，但却一直在玩游戏。这天的网课刚一结束，这位父亲便怒不可遏地"揭穿"了儿子的行为，并口无遮拦地将儿子大声训斥了一顿。不料，儿子因受不了如此严重的羞辱，一气之下竟跳楼自杀了。

这自然让这位父亲痛苦不已。可是，他并不了解玩是孩子的天性，他平时只知道让儿子学习而剥夺了儿子玩的时间，天天像监工一样看管着儿子，所以儿子才趁上课的时候偷偷玩游戏，没想到却误入了父亲预设的"圈套"之中。

朱教授认为，这位父亲应当与孩子共同制定一个家庭规则。父母虽然允许孩子玩游戏，但什么时间玩，玩多长时间，都应与孩子共同商议而定。孩子按规则而行，父母就进行适当的奖励；孩子违背规则，父母则进行适当的批评和惩罚。为此而受到惩罚的时候，孩子就会觉得自己"罪有应得"，如此，这种悲剧也许就不会发生了。

可由于很多家庭没有制定规则，即使有，也是由父母制定的，孩子虽然心中不满，但也只能违心执行，或表面上执行，然后在父母不知情的时候悄悄违背规则；更有甚者，直接顶撞父母，让亲子关系不再和谐。一旦亲子关系出现了问题，家庭教育的效果就会大打折扣，甚至让孩子出现比较严重的问题。

朱教授认为，家庭规则不仅是管孩子的，也是管父母。它会有效地限制父母随意性的教育言行，同时，真正遵守家庭规则的父母还会给孩子做出表率，让孩子更加自觉地遵守家庭规则。

文明社会的一个重要标志就是社会成员具有很强的规则意识。当孩子在遵守家庭规则的过程中形成一种高度自觉的时候，孩子自然会形成遵守规则的习惯，这样的话，他们不但可以在家里做一个好孩子，还可以在学校里做一个好学生，在社会上做一个好公民。

四、爱

父母无私地爱着自己的孩子，有的甚至"爱"到了无以复加的程度。可朱教授认为，父母爱孩子不能只是在物质上满足孩子的要求，还要关注其精神的成长。所以，那种想尽千方百计让孩子吃得好、住得好、穿得好的父母，不能说有多爱孩子；如果将这种心思更多地放到培养孩子的优秀品格上，爱才能绽放出更加灿烂的光芒。遗憾的是，有些父母对孩子百般溺爱，从而走上了错爱之路。其实，让孩子经历一定的磨难也并非一件坏事。孟子早就说过："天将降大任于斯人也，必先苦其心志，劳其筋骨，饿其体肤，空乏其身，行拂乱其所为，所以动心忍性，曾益其所不能。"所以，为了孩子更好地成长，将来取得更大的成就，就应当让孩子多受一些苦，多经历一些磨难；正是这些苦与难，才能锻造出孩子坚韧不拔和迎难而上的品质。

童年时期不只是孩子长身体、学知识的最佳年华，也是其人格生成的最佳时期。如果错过了这个时段，就真的是时不再来了。而一个人不管有多大才能，如果人格低下，就不仅不能对社会有所贡献，甚至还可能构成危害，从古到今，这样的例子数不胜数。

朱教授认为，父母不但要爱孩子，而且要智慧地去爱孩子。什么是智慧的爱，就是从孩子的终生发展上考虑，尤其是从孩子的人格成长上考虑，让孩子长大成人后成为一个人格健全的人。

朱教授对于当今一些父母只注重孩子考试成绩的现状十分担忧。有些父母为了让孩子考进名校，不但不惜经济代价、时间代价，甚至不惜身体健康等代价。如此而为，即使孩子真的考上了父母所期待的名校，这种做法也会在无形中为孩子的成长埋下隐患。有的学生确实考上了名牌大学，可是到了大学之后他们便不再学习，只顾疯狂地玩，用以弥补中学时期拼命学习的"损失"，结果大学数年所学知识寥寥无几，甚至毕业都成问题。更有甚者，心理扭曲，人格低下，甚至因为某个不太大的问题自杀或杀人。这个时候，父母当然会痛不欲生，可是想想当年那种对孩子扭曲而畸形的爱，是不是也应有自我反思与悔恨之意？

朱教授认为，爱孩子首先要把他当人来对待，当人来培养。孩子即使没有进入名牌大学学习，甚至没能考上大学，可只要有仁爱之心，并有自己所擅长且又喜欢的工作，也是幸福的。如果有了这样的家庭教育理念，父母在处理与孩子的关系时，就不会只关注其学习成绩，同时也会关注其人格与心理的健康。而这些恰恰是以一种健康幸福的家庭环境为前提，才能抵达的一个境界。

五、陪伴

陪伴孩子是父母应尽的责任和义务，尤其是处于成长关键期的孩子，更加需要父母的陪伴。可是，这对于年轻父母来说往往很难，此时他们正处于事业拼搏期，很少有时间陪伴孩子，有的干脆将孩子交由孩子的爷爷奶奶或姥爷姥姥全权负责。老人虽然对孩子百般疼爱，可是隔代之爱容易走入溺爱的误区，以致让孩子从小养成了唯我独尊或自私自利的性格，如果不及时纠正的话，会让孩子在学校和以后的工作中不受欢迎，也很难取得很大的成绩。

朱教授认为，父母一定要做到心中有数，要知道一生之中和孩子在一起的时间是有限的，待到孩子长大成人，成家立业，且也有了孩子的时候，即使父母想多陪伴他们一些时间，他们却未必有时间，也不一定愿意让父母陪伴了。所以，家长要想方设法在孩子需要陪伴的时候多抽出时间陪伴孩子，这样不但可以让孩子感受到来自家庭的温馨和幸福，也可以让自己将美好的亲子时光永久地镌刻在记忆里。

朱教授工作之忙是常人难以想象的，可是在他的孩子上学期间，每逢暑假，他总是会挤出时间陪孩子外出旅游。他说，当年与孩子同游庐山、敦煌等地的情景，现在回想起来仍历历在目，感觉特别美妙。而现在自己再想陪孩子外出旅游，反而是孩子没有时间了。所以他告诫父母们，千万不要错过陪伴孩子这种千载难逢的好机会，不然将会成为终生的遗憾。

不过，有的父母也提出了不同的看法："疫情期间，虽然有了居家陪孩子的时间，可以说是与孩子朝夕相处了，但不仅没有让自己和孩子感到幸福，反而增添了不少烦恼，甚至还产生了不少亲子矛盾。"

朱教授认为，同是陪伴，质量却有优劣之别，所以父母还要研究高质量陪伴孩子的内容与形式。

朱教授当年陪伴孩子外出旅游就不失为一种良好的陪伴方式。旅行之前，父母最好提前"备课"，以便在旅行中做好孩子的"老师"和"导游"，由此增添与孩子交流的话题。不少旅游胜地不仅风景如画，而且还蕴藏着丰富而独特的文化，父母可不失时机地借此对孩子进行教育，往往可以起到事半功倍的效果。

朱教授认为，和孩子一起运动也是一种很好的陪伴方式。孩子在校锻炼的时间并不太多，而他们又处于长身体的关键时期，所以，父母一定不要总盯着孩子的考试成绩，更应当关注孩子的身体健康。有了父亲或母亲的陪伴，孩子会大大提高运动兴趣，身体也会越来越健康，并逐步养成锻炼身体的好习惯，从而受益终生。同时，父母也可以一边运动，一边与孩子交流。这个时候的交流，由于孩子没有心理负担，往往可以产生更好的效果。

朱教授认为，亲子共读是另外一种特别好的陪伴方式。二十多年前，他发起了"新教育"实验，当时便提出了"十大行动"。第一个行动就是"营造书香校园行动"。其实，不只是要营造书香校园，也要营造书香家庭，这对于孩子一生的成长起着至关重要的作用。现在有的人为了让孩子上所谓的名校，花很多钱给孩子择校。可朱教授认为，最好的学区房就是家里的书房，若是家中天天弥漫着书香，孩子每天都会受益匪浅，从而让自己"腹有诗书气自华"。久而久之，孩子还会养成爱读书的好习惯，从而持续不断地为自己的生命积蓄能量，让自己在以后的人生中大展宏图。有的孩子虽然考上了名校，可是由于从小没有大量的阅读，没有积淀下相应的文化底蕴，若干年后就会因为文化的缺失而少了发展的能量。相反，那些从小沐浴在书香里的孩子，尽管当时没有考上名校，但因有了厚积薄发的巨大能量，若干年后也往往可以取得很大的成就。

朱教授说，苏州大学的唐晓玲教授写过一本《父母的书架决定孩子的未来》。起初，她打算写朱教授读书的故事，可朱教授建议她最好写"新教育人"读书的故事。为此，唐晓玲教授对不少"新教育人"进行了采访，获取了大量鲜活而感人的故事，并撰写成书且正式出版。阅读此书，我们会发现，不但一个个充溢着书香的家庭是和谐的、高雅的，而且这个家庭中孩子的发展也多有"渐入佳境"之美。

朱教授还谈到一位山东的著名企业家，由于忙于应酬，他几乎天天喝得酩酊大醉。后来，他因结缘"新教育"而"痛改前非"，极少外出应酬，将更多的时间花费在和女儿一起读书上。一个月后，他惊奇地发现，读书比喝酒有意思多了。一天，几家人聚会的时候，女儿对他说"学习你的夏洛吧"，在座的其他孩子包括大人都对此不解。原来他们父女俩刚刚读了《夏洛的网》，聚会之前还在交流读书感受，父女俩很为小猪威尔伯和蜘蛛夏洛的真挚友谊所感动，也被蜘蛛夏洛的智慧所折服。

朱教授认为，有些年轻父母在外地工作，照样可以陪伴孩子，只是陪伴的方式不同罢了。他们可以和孩子共读一本书，借助视频分享各自的读书感受。这样的陪伴，即使父母不与孩子在一起，也能产生很大的作用。相反，父母与孩子尽管天天都住在一个屋子里，但各自忙着自己的事情，吃饭的时候也很少交流，也会行同路人。由此可见，父母能够与孩子在一起的陪伴当然很好，如果不能在同一个时空里相处，精神上的陪伴同样可以起到很重要的作用。

朱教授认为，父母对孩子有了尊重、信任、规则、爱和陪伴等方面的意识，不但可以建立起良好的亲子关系，还有助于孩子健康心理和优秀品格的形成。这就是教育，而且是不可替代的教育。而且，和谐家庭关系的构建，不但能让孩子从父母那里学会构建和谐关系的方法，还有可能延伸到学校和社会之中，让孩子与更多人构建起良好的人际关系，最终使其拥有一个美好的人生。

家庭教育的主体内容是生活教育

——孙云晓访谈录

孙云晓

中国家庭教育学会副会长、教育部家庭教育指导专业委员会副主任委员、中国青少年研究中心研究员、家庭教育首席专家。主要教育著作有《习惯养成有方法》《解放孩子》《习惯决定孩子一生》《亲子关系——决定孩子一生幸福的密码》《孩子，你有无限可能》等。已上线音频课程《孙云晓36堂家庭教育通识课》《孙云晓：9个好习惯成就孩子一生》。

近年来，尤其是《中华人民共和国家庭教育促进法》公布与正式实施之后，人们对于家庭教育的关注度越来越高，可对于家庭教育的主体内容是什么，却是众说纷纭，莫衷一是。为此，笔者采访了著名家庭教育专家孙云晓先生。

孙先生认为，越来越多的人关注家庭教育固然可喜，但同时也令人担忧，比如有的家庭教育更多是父母想方设法让孩子多学知识，尤其是让孩子参加名目繁多的辅导班，以此来提高孩子的考试成绩。现在有不少家庭教育已经异化成了"第二课堂"，弥漫着烟火气的生活教育已经离孩子们越来越远。

孙先生说，学科知识的"主战场"在学校，家庭教育的主体内容应是生活教育。这是中国数千年的历史早已证明了的事实，只是很多人未给予关注而已。

一、家务劳动

家庭生活少不了劳动，从这个意义上说，家务劳动是家庭生活教育的必修课。然而，现在的孩子主动做家务者并不多，何况父母也不希望孩子做这些似乎与学习无关的事情，而且还有更"爱"孩子之甚者，担心劳动会累着和苦着孩子，即使孩子想干，也多会被父母叫停。

孙先生认为，父母让孩子从小热爱家务劳动，不但可以培养孩子的自理、自立能力，还可以培养孩子孝敬父母的爱心和承担家庭任务的责任感。所以，父母要充分发挥家庭生活教育的优势，抓住日常生活中的劳动实践，激发孩子对劳动的热情，鼓励孩子自觉参与家务劳动，掌握家庭生活中的几项劳动技能，并进行具体的训练，长期坚持以养成习惯。叶圣陶先生说："教育是什么，简单一句话，就是养成良好的习惯。"这对于生活教育同样具有重要的启示作用。而且，拥有劳动习惯的孩子，此后不管是在学校学习还是走向社会工作，都会受到人们的欢迎，并多能走向成功的殿堂。

孙先生说自己自幼在青岛海边长大，在他很小的时候，父母不但让他做很多家务劳动，还让他参加其他劳动，比如赶海挖蛤蜊，上田地里找一下是否还有留在那里的花生和地瓜等，这些都是孙先生在儿童时期常做之事。当时他并没有感到苦不堪言，而是认为生活本该如此，直到今日，很多当时的劳动场景还时时浮现在他的脑海里。正是在劳动中，孙先生体会到了"谁知盘中餐，粒粒皆辛苦"的意义，并由此养成了热爱劳动和勤俭节约的品质。

遗憾的是，现在许多孩子都是衣来伸手，饭来张口，甚至挑三拣四，全然不知这些衣食来之不易，亦少由此而感恩父母。父母也觉得孩子拥有这种享受的"特权"是天经地义，甚至认为这是在尽心尽力爱孩子，殊不知却在不知不觉中害了孩子。

　　孙先生谈到2020年疫情以来某些出国留学的孩子，他们因当地疫情严重迫不得已长期居家。小时候跟着父母学会做饭者，便重操小时候的"旧业"，免受饥饿之苦；可是在家庭中从来没有学过做饭的孩子，在当时叫外卖也十分困难的情况下，就只能坐立不安、饥肠辘辘地"徒有羡鱼情"了。

　　孙先生与妻子从小都在父母的引领下养成了热爱家务劳动的习惯，并且又以身作则地影响了他们的女儿。

　　上海疫情期间，由于饭店关门、外卖不送，有些人就有了生存危机。孙先生的女儿一家居住在上海，女儿不但把一家人的生活安排得井井有条，还与丈夫一起担任了志愿者，协助上海的外籍人员做好防疫工作。和女儿住在同一座楼里的一位外籍人员，因自己不会做饭，食物储备不足，出现了生存危机。女儿一方面为这个外籍人员送去自己的高压锅，一方面教会他如何蒸米饭，又和邻居们一起支援他各类食物，这才让他免受了饥饿之苦。

　　孙先生认为，一个人不管如何才华横溢，如果没有基本的生活能力，有时也会出现问题。孙先生提到天才少年魏永康，他两岁就认识1000多个汉字，4岁基本学完了初中阶段的课程，8岁连跳几级进入县属重点中学读书，13岁以高分考入湘潭大学物理系，17岁大学毕业后考入中科院高能物理研究所硕博连读。他的母亲为了让他专心读书，给他洗衣服、端饭、洗澡、洗脸等，将家中所有的家务活全部包揽下来。为了让儿子在吃饭的时候不耽误看书，母亲在他读高中时还要亲自给他喂饭。就连他读湘潭大学时，母亲也一直跟在他的身边"陪读"，照顾他的饮食起居。让母亲没有想到的是，已经在中科院读了三年研究生的儿子，却因为不具备基本的生活能力，被中科院劝退回家。

也许有人说，孙先生以上所谈只是个案而已。可是，大家有没有想过，很多没有过家务劳动经历的孩子，尽管有些在成人之后的表现并非不尽人意，但其负面影响必然折射在其人格、性格、言行等各个方面。而那些从小常做家务劳动者，大多能有超越一般人的良好表现。多年前，孙先生曾经做过148名杰出青年的童年与教育研究，并且将其与115名青年死刑犯的童年与教育做对比，结果发现，两者特别显著的差异之一就是劳动，杰出青年中童年时经常做家务的占81.08%，而青年死刑犯中童年时游手好闲者占90%。孙先生认为，没有生活实践这个环节，品德教育就可能成为空中楼阁，家庭教育只有与生活实践密切结合，才能够完成立德树人这个根本任务。

二、家庭关系

孙先生认为，生活教育并非只是让孩子在家庭中学会洗衣、做饭等生活技能，家庭关系也属于生活教育的范畴。谈起家庭关系，一般人多关注的是亲子关系，这当然很重要。可是，有些父母只是一味地盯着孩子，甚至以孩子为中心，却没有意识到由于没有"经营"好夫妻关系，从而让家庭生活蒙上了阴霾。有的时候，夫妻之间为了一点小事而争吵不休，甚至大打出手，会让孩子的心理严重受伤。更有甚者，夫妻某一方或双方为了追求自己的"幸福"，闹得不可开交，以致走上法庭，办了离婚手续后分道扬镳。殊不知，在这个过程中，孩子是最大的受害者，由此而造成的心理创伤甚至终生都不可能医治好。

孙先生主张确实无法生活在一起的父母，好好地看看美国的一部老电影《克莱默夫妇》，它讲述了一个令人动容的故事：妈妈离家出走，爸爸克莱默先生与儿子比利相依为命。当妈妈提出离婚并争夺儿子的抚养权时，律师建议克莱默先生让儿子在法庭上证明母亲不顾孩子离家出走，克莱默先生断然拒绝了，他不能让儿子在法庭上指责母亲。最后，被感动的妈妈同意儿子与爸爸在一起生活。孙先生认为，父母迫不得已离婚情有可原，但绝对不能在孩子身上播种仇恨，也不能让孩子感到父母不可理喻。为了孩子，父母双方要更多地理解和信任彼此，并由此在孩子心中播种下和谐美好的种子。从这个意义上讲，要想做好家庭教育，父母就一定要"经营"好夫妻关系，即使离婚，也一定不能"城门失火，殃及池鱼"，而要让孩子感到父母虽然分手了，可对自己的爱却是有增无减。

孙先生谈到2022年春热播的电视剧《人世间》，周家人并没有在家庭中为孩子补习学科知识，也没有让孩子加班加点或挑灯夜战地"刷题"，可是周秉义和周荣兄妹二人却考进了北京大学。虽然周秉昆没有读大学，他的父母尤其是妻子郑娟更是学识"浅薄"，但他们饱受生活的磨砺，锻造了钢铁一般的意志和待人以善的良好品质。到了第三代，周楠和冯玥又考上了清华大学。而所有这些又都与良好的家庭关系密不可分。因为在这些关系中无不折射出人格的力量，并在潜移默化中影响到家中的孩子。从某种意义上说，周家已经形成一个家庭文化，身在其中者不可能不受到影响，而周家每一个人又都在无形中优化着这个家庭文化。在这个大家族中几乎没有空洞的说教，却又无处不闪耀着育人的光芒。

三、言传身教

孙先生认为，言传身教也是开展生活教育的一种十分有效的方式。因为孩子从父母那里"继承"品质，大多受父母一言一行的影响。如果父母夸夸其谈，孩子也多半会对父母的言行进行不自觉地学习，以致成为一个华而不实者。对此，孔子不就说过"巧言令色，鲜矣仁"吗？相反，如果父母不动声色地用自己美好的言行向孩子传递优秀的品质，孩子也多半会"学而时习之"，并形成健康的人格，培养出良好的品质。

孙先生谈到，2012年莫言于瑞典首都斯德哥尔摩进行获奖演讲时说，他母亲是他"生命中最重要的人"，并讲了关于他母亲的三个感人的故事：一是母亲到地里捡麦穗时被麦田看守人扇了一个耳光且跌倒在地，而后却不记恨在心的故事；二是莫言卖白菜时多收了一位买白菜的老人一毛钱，母亲得知后泪流满面的故事；三是在极端困苦的情况下母亲把尚未吃完的半碗水饺倒到乞讨老人碗里的故事。

这三个故事对少年莫言的心灵产生了巨大的震撼，永远铭刻在了莫言的心里，于是，母亲的善良就成了莫言心中的一座伟大的精神丰碑。

《人世间》的周家父母和莫言的母亲并没有对孩子说多少空洞的大道理，而是在日常的家庭生活中让道德教育"随风潜入夜，润物细无声"地走进孩子的心里。从这个意义上说，生活教育之中就有德育，只不过隐藏在日常生活的一言一行之中罢了。孙先生将这种教育方式称为"榜样教育法"，这无疑是生活教育的一种有效方式。

四、家庭契约

国家有法律，学校有制度，家庭也应当"立法"，所以孙先生提倡家庭要有契约。当然，这个契约不是父母一厢情愿地制定的，而是父母与孩子共同商量制定的。家庭契约一旦形成，家庭中的任何成员都不能违约而行。比如孩子能不能玩手机游戏，如果能玩，玩什么内容、什么时间玩、玩多长时间等，都要形成家庭契约。如果孩子遵守契约，就应当受到表扬；反之，就应当受到批评乃至相应的惩罚。

孙先生说，爱玩是孩子的天性，但是如果父母放任不管，造成不良后果后也只是一味抱怨，就只会事与愿违。孩子的主动性和自制力平衡发展是最理想的成长状态，这就要求父母要与孩子建立家庭契约，行事前约定、行事时按照约定执行是生活教育的有效手段。通过制定合理的规则，实现从约束性到自觉性再到习惯性的过程，可以提高孩子的自制力，让孩子养成好习惯。

有的时候，家庭契约也会因为某个突发事件而制定，或者因为家庭成员之中有了不同的看法而制定。孙先生谈到这样一个女孩，她喜欢养猫而她妈妈却害怕猫。为此，她们就要不要养猫、养什么猫、怎么养的问题，专门开了三次家庭会议。最后母女二人达成一致意见：可以养猫，但这个女孩和她妈妈都要承担相应的养猫的责任，比如要按时给猫喂食和洗澡，并及时将猫的屎和尿处理干净等。这时候，女孩才知道养猫不只是好玩，还要尽到应尽的责任和义务。于是，女孩家中多了一只猫，这不仅满足了女孩想养猫的要求，而且唤醒了她的家庭责任感，还丰富了家庭生活。

孙先生认为，有了家庭契约且依约而行，久而久之，在孩子心中就会形成一种规则意识。而规则意识恰恰是文明社会的一种表现形态，也是未来孩子走向社会必须具备的一种品质。

五、闲暇教育

孙先生非常赞赏亚里士多德所说的"闲暇出智慧"，因为有闲暇，才能有属于自己的空间，才能独立地思考，自由地发展，自信而能动地挥洒才智。所以，父母应当给孩子留出一定的闲暇时间去玩耍，去运动，去读自己喜欢的课外书等。可是，现在的父母认为闲下来是误人子弟，担心孩子考不出好成绩，几乎让孩子全天候地处于紧张的学习状态之中，甚至连孩子读课外书、出去玩耍等都全面禁止。

　　美好的生活固然需要一定的物质条件，可最重要的则是精神的丰沛，所以有的时候，家庭生活要向外延伸至大自然之中。

　　孙先生说自己于1955年出生于青岛的一个工人家庭，当时家里非常贫穷，但美好的家庭精神生活对他一生都产生了很大的影响。童年时代，孙先生常在山里和海边玩耍，这种对大自然的热爱之情延续至今。所以，在定居北京之后，孙先生每年都要去颐和园、香山、植物园等园林游历多次。现在让孩子天天到山里和海边去玩已不现实，但偶尔出游、与大自然亲近仍十分必要。

孙云晓与小学生们的合影

　　孙先生11岁的时候，由于"文化大革命"暴发而无法在校学习。然而，他并没有荒废学业，而是利用闲暇时间看了很多文学名著，并从15岁之后养成了写日记的习惯。对此，父母不但不予以干涉，反而认为他"孺子可教也"。而当时的阅读积累让他拥有了一个成为作家的梦想，后来他梦想成真，而且成了一位很有影响力的作家。

　　了解孙先生者都知道，他不仅是一位优秀的作家，还是一位卓越的演讲家。可是，谁能想到他小时候竟然是一个患有口吃的孩子。当时，同龄的孩子一起制定了一个玩耍的规则，就是要讲故事，不然就不能和他们一起玩。孙先生虽然口吃，可他读过《三国演义》《水浒传》等名著，这一点让其他孩子望尘莫及。所以，他就陆续为小伙伴们讲这些名著里的故事。开始的时候，因受口吃的影响，他只能断断续续且比较吃力地讲；可是，随着时间的推移，他讲得越来越流畅，口吃的毛病也不治自愈了。

　　面对当下孩子死啃书本的现象，孙先生很是忧虑，认为这样的孩子也许一时可以考进理想的学校，可是往往由于从小缺失"闲暇"，尽管学了很多知识，却也无法形成智慧。有些孩子虽然考进名牌大学文学院，但毕业之后不仅没有成为作家，甚至连文章也写得不多，能够发表作品者更是凤毛麟角。而鲁迅、茅盾、莫言等，并没有上过名牌大学，却成了著名的作家，想想他们童年闲暇之日的阅读，就不难明白他们为何成为文坛大家了。

孙先生感叹当今学校教育的短视思维，甚至父母也围着应试教育团团转。一次，孙先生到外地讲学的时候见到一位久违的朋友，孙先生本以为这位朋友一定会和自己好好地叙叙旧，没想到刚一见面，朋友就很自豪地说他是学校家委会主任，每天会抽出很多时间想方设法地从网上搜集辅导材料或考试题，然后交到学校领导手上，用于组织学生进行额外的考试，或者让学生放学之后继续刷题。因为这个家委会主任很想让自己的孩子多做一些试题，可孩子对此非常反感，甚至直接反对，所以他想到通过学校布置"作业"的方法让孩子多做题，虽然由此增加了孩子的负担，让孩子心怀不满，但由于是学校布置的任务，孩子岂敢违抗，只好硬着头皮应付。

这位家校合作的"典型"滔滔不绝地说着这些事的时候，孙先生却情不自禁地生出了无限的感伤。孩子在校学习压力之大已经让他们苦不堪言，父母们却"帮助"学校让孩子在家用更多的时间学习。这哪里是家校协同育人，完全是家校联手"折磨"孩子啊！那么，在孩子的闲暇时间中，家庭生活还占有多少？也许孩子因为多做一些辅导题，最终考进了一所理想的学校，但他们也因此失去了其应有的家庭生活，这一缺失终生也无法弥补。

孙先生谈到目前出现在某些大城市里的"鸡娃"现象，即父母持续不断地给孩子打鸡血，为孩子安排名目繁多的学习任务与培训班，不停地让孩子去学习，以考取好的成绩，考进好的学校。看来，应试教育不只是在学校愈演愈烈，在家庭中也已到了走火入魔的地步，家庭生活也离孩子们越来越远。一个人的幸福感在很大程度上来自家庭，孩子从小体验不到家庭生活的美好感觉，未来何谈幸福？

所以，孙先生在很多场合都呼吁：父母一定要提高对闲暇生活价值的认识，改善自身不良的闲暇生活方式，与孩子一起商量、制定闲暇生活规划，增加户外活动，满足孩子对外面世界的好奇心，同时增加与同龄孩子交往的机会等。

六、关注食育

孙先生说，生活教育中还有一项重要的内容叫食育，就是关于饮食的教育。民以食为天，教以育为先。所以，食育应当是全民的教育，而且食育应该从儿童甚至婴幼儿时期开始。早在2005年，日本就颁布了《食育基本法》，规定日本人从幼儿园到中学阶段都要接受食育，将食育作为一项国民运动在日本普及和推广。十几年来，日本的食育已经在培养国民拥有健全身心、丰富人格等方面发挥了重要的推动作用。

全国政协委员顾建文认为，二十年前医院里患有慢性病的人很少，现在慢性病已成为居民健康的重要杀手，究其原因，很大一部分是日常饮食习惯不当所致。如何科学、安全、合理地饮食已成为影响人们的幸福、健康甚至性格养成的重要问题。由此他呼吁，我们国家开展食育已十分必要和迫切，应将食育提高到和德育、智育、体育等同等重要的位置来认识，应对学生、教师、父母开展有针对性、知识性的食育。在儿童时期就对孩子进行食品安全等方面的教育，让孩子及时改正错误的饮食习惯，从根本上走出饮食误区。

遗憾的是，我国现在不少孩子都没有养成良好的饮食习惯，很多不健康的垃圾食品成了与他们形影不离的"美味佳肴"。于是，肥胖的孩子越来越多，患病率也居高不下。所以，饮食健康应当成为家庭教育的重要内容。

其实，早在两千多年前，孔子就特别关注饮食健康的问题，在《论语·乡党》中就有记载孔子关注饮食健康的一章："食不厌精，脍不厌细。食饐而餲，鱼馁而肉败，不食；色恶，不食；臭恶，不食；失饪，不食；不时，不食；割不正，不食；不得其酱，不食。肉虽多，不使胜食气。惟酒无量，不及乱。沽酒市脯，不食。不撤姜食，不多食。"意思是说，粮食不嫌舂得精，鱼和肉不嫌切得细。粮食陈旧和变味了，鱼和肉腐烂了，都不吃。食物的颜色变了，不吃；

气味变了，不吃；烹调不当，不吃；不时新的东西，不吃；肉切得不方正，不吃；佐料放得不适当，不吃。席上的肉虽多，但吃的量不能超过米面的量。只有酒没有限制，但不能喝醉。从市上买来的肉干和酒，不吃。每餐必须有姜，但也不可多吃。

还有这样一章："祭于公，不宿肉，祭肉不出三日。出三日，不食之矣。"意思是说，参加国君祭祀典礼时分到的肉，不能留到第二天。一般祭肉的留存不超过三天。超过三天就不能吃了。古代大夫参加国君祭祀以后，可以得到国君赐的祭肉，但祭祀活动一般要持续两三天，所以这些肉就已经不新鲜了，超过三天就不能再吃了。

孔子一生身体健康，终年73岁，在当时绝对是高寿者，这与他健康的饮食习惯不无关系。

当然，食育不只关注饮食健康，还包括饮食习惯、饮食礼仪等。《黄帝内经》上就有"饮食有节"之言，提醒人们在饮食上要有节制，吃饭要吃七分饱，不要吃得过多，否则过多食物的摄入会加重胃和肠道的负担，进而影响身体健康。同时，饮食要有规律，也就是说早餐、午餐和晚餐要按时、按量来吃，如果打破这样的规律，就会增加胃和肠道患病的风险。

所以，孙先生说，父母应该向孩子传授健康饮食的知识和技能，在一日三餐中培养孩子健康的饮食习惯，让孩子认识到生活作息规律的重要性，拥有健康的食育观，保障他们从小拥有健康的体魄，为"德智体美劳"全面发展打下坚实的基础。

孙先生说，食育中还蕴藏着我国传统的餐桌文化，孔子所说的"食不语，寝不言"，已成为如今不少学校和家长对孩子们用餐与就寝的要求。其他诸如热情好客、尊老爱幼、主客之分等内容，则可以让孩子从中学会分享和担当。此外，家庭食育中还蕴含着不同的文化特色，通过向孩子介绍不同地域的特色美食，可以让孩子了解不同地域的饮食文化、历史背景和生活方式，从而激发起孩子对外在世界的好奇心和探索欲，继承和发扬优秀传统文化。

孙先生认为，父母还可以通过以食物为载体的互动，让亲子关系更加和谐。比如，鼓励孩子主动参与到食物的制作过程中，与孩子共同品尝美味的食物等。当一家人聚在一起进餐时，父母和孩子可以彼此分享一天的生活，谈论各自遇到的趣事，营造轻松、愉快的家庭氛围，增进亲子之间的关系。

孙先生对《中华人民共和国家庭教育促进法》进行了认真的学习与深入的研究，认为其中所谈的家庭教育的内容主要包括道德品质、身体素质、生活技能、文化修养和行为习惯五个方面，而这些几乎都与家庭生活有着内在的维系。

不过，孙先生认为真正关注家庭生活教育者依然是"几希矣"，甚至将家庭生活教育比喻为一座大山，要想推动它难之又难。可是，他却像孔子一样"知其不可而为之"，在很多场合不断地大声呼吁人们要关注家庭生活教育，并在他的微信朋友圈里发表有关家庭生活感悟的短文，到现在已发1000多条，在某种程度上也影响了一些教育同仁与家长们。

正如孔子高足曾子所言："仁以为己任，不亦重乎？"正是因为任重而道远，孙先生才有了一种使命感，虽然困难重重，但他依然奋力前行。希望他十分关注又反复强调的家庭生活教育有一天能真正走进千家万户，从而让这些家庭培养出更加优秀的孩子。

与家长交心，寻找心花怒放良方

——马莉访谈录

马莉

教育学硕士，国家二级心理咨询师，济南市历下区教体局教育教学研究中心心理教研员、山东省教科院心理兼职教研员、山东师范大学心理学院研究生校外导师、山东省中医药大学健康学院校外导师、山东省远程研修省级工作坊主持人、山东省小学心理健康学科副组长、中国台湾心智图法山东学习中心首席讲师、全国初中心理国培班讲师。长期为山东广播电台、山东教育卫视、济南教育电视台录制节目。近几年来，着力于家长素质的提高，所做的讲座《家有考生》《中考考前辅导系列讲座》《阅读，打开幸福之门》《为幼儿打造成长航母》等受到家长赞誉。

马莉老师自从与心理学"情定终身"后，便"疯狂"地爱上了心理工作。她先是痴迷地自费参加各种心理学培训，如饥似渴地买书、看书，遨游在心理学知识的海洋里。然后，她找到学校心理教育发展的趋向，找到心理学中的表达性艺术治疗法，找到"心理问题背后的问题"……及时解开了心中"黑匣子"的秘密。紧接着，她利用翻转心理课堂走进孩子们的内心，帮助孤独、无助、焦虑、沉默的孩子打开心结。最后，她通过家庭讲座、QQ聊天、电话等方式与家长心平气和地沟通，寻找"医治"家长和孩子心"力"不足的良方。

为此，笔者对她进行了采访，并就家庭教育问题展开了一场很有意义的对话。

马莉：如果我真有悟出一些道理的话，我首先要感谢我的父母，因为他们从小给我灌输的思想就是："你肯定有不会的东西，但是你可以学啊！学习是最强有力的武器。"

其实，现在的家长也是一样的。以往我旁听过很多家长会，大都是老师"训斥"家长。记得有一次家长会后，家长凑在一起说"我们这是抱团来挨熊啊"。挨熊过后，家长真的学会怎么教育孩子了吗？恐怕大多数家长是回到家后把老师的火气转移到孩子身上罢了。所以，改变家长一定得设身处地地为家长着想。

这几年，我尝试开展融入心理活动模式的体验式家庭教育讲座。

比如"手指游戏",让家长体会自己被赞扬的感受;"同舟共济",让家长懂得团结合作是需要智慧的……我通过各种活动和讲座让家长知道:你们从没有经过培训,做到现在这个样子已经不易,如果多多学习,你们的孩子、你们的家庭就将会变得更好。每次讲座结束后,家长都会围着我,对我说:"马老师,我们真的爱孩子,但是不知道怎么爱,现在您告诉我们了,我们一定好好做!"家长也好,孩子也罢,我真的希望遇到我的任何一个人,都可以从这里带走希望。

陶继新:有些教师也像家长对待孩子一样以一种居高临下的姿态对待家长,总认为自己是对的。其实,教师不但要平等地看待孩子,更要平等地看待家长,家长同样需要尊重与理解。为什么不少家长害怕参加家长会?就是因为有些教师借家长会批评孩子的时候也在旁敲侧击地批评家长,有的还会说出一些令家长难以忍受的不堪之言,让家长连起码的尊严都没有了。这非但起不到教育的效果,反而会产生负面影响。其实,教师与家长是最应当构建起一个彼此信任与支持的联盟的,因为他们的目标是一致的——让孩子更好地成长。那些开家长会时批评家长的教师,很多时候也是恨铁不成钢才"出言不逊"的。所以,最好的办法是让教师和家长联合起来,为教育好孩子而共同努力。《周易》有言:"二人同心,其利断金;同心之言,其臭如兰。"教师与家长同心之后,不仅能产生巨大的能量,连彼此说的话都会有兰香之美啊!

马莉:是啊,学习心理学之后,我最大的感受就是尊重生命。无论是孩子还是家长,无关乎贫富贵贱,每个生命都值得我们去尊重。在我工作的过程中,很多家长听完讲座后都会围着我问这问那,我想这是对我的一种信任。考虑到不是所有的家长都有机会听讲座,我建立了"成功父母俱乐部"QQ群,24小时在线,以便与更多的家长在群内交流。而且我会在群里定期发布家庭教育方面的文章,不定期地举办视频家长会。此外,群里也有很多历下区的其他心理教师,家长如果有问题可以随时提出,大家一起商讨对策。

由于我在历下区教体局负责心理健康整体工作的推进和一些心理教研工作,我白天工作很忙,晚上是我集中回复家长问题的时间。有一次一位家长心疼地说:"马老师,您歇歇吧,我听您嗓子都哑了。"当然,一些心存疑惑的家长会直言不讳地问我:"您这么干,是不是有人给你钱啊?"我笑了:"哈哈,没有。我这么做是为了什么?我也不知道,压根没想过。"有的领导也问过我究竟要什么。我说:"我什么都不要,我要把我认准的心理健康教育继续做下去!我要对得起我的教师、母亲的身份,对得起所有人对我的信任!"

其实,我的收获是巨大的。在商河给1200名外来务工的家长开展讲座时,我没有像其他人那样训斥他们——因为他们外出打工了,所以孩子荒废了；而是走下讲台，深情地对他们说："你们是辛苦的，你们为了让家里日子过得更好，背井离乡地来这里打工，把没教育好孩子的责任推卸给你们是不公平的。"但是，我流着泪问所有在场的家长："在座的各位，你们那么辛苦，换来了什么？低工资、远离孩子和父母，值吗？不值。怎么去改变？唯有知识可以改变命运。你们愿意听我告诉你们，在外边打工的同时，怎样和孩子沟通交流才能够避免孩子出现问题吗？"所有的家长纷纷鼓掌，同时流下了心酸的泪水。那个时候，我的心都化了。我没有做什么了不起的事，我做的更

马莉带给家长育儿的智慧

多的是，凭自己的良心看到他人的善良之处，用真情换真心。我能为他们做的很少，他们回馈给我的真诚却太多太多。

　　一位家长给我打来趵突泉的泉水，说："马老师，您别喝自来水了，对您身体不好。"一位家长从烟台背回海边的200多斤细沙，并洗好、晒干，放在我的工作室，他说："我的孩子因您受益，我就做点事情，让更多的孩子在您这里受益吧！"

　　很多人好奇，我获得了什么？需要和信任，是我获得的最好的礼物。

　　陶继新：听了您的这段话，我的眼里溢出了泪水。这让我想到了孟子的一句话："老吾老以及人之老，幼吾幼以及人之幼。"对于这些处于弱势群体的家长与孩子，您不正是这样做的吗？我在农村干了好多年的苦活，还拉过三年排车，农民的艰辛，我是深有体会的。有的时候，我觉得命运对他们很不公，又无法改变他们的命运。农民的难处，尤其是这些农民工的难处，不止于出苦力、挣钱少、让人看不起，还有他们的子女难以接受优质的教育。我常常担心这些农民的孩子长大之后会重走父母的老路。所以，我一直主张人们要力所能及地帮助他们，让他们懂得教育孩子的重要性，知道如何才能让孩子更好地成长。尽管他们不可能全部领会，也不可能全部照做，但只要有了思想上的觉醒，有了观念上的改变，即使他们只有一点儿行动，也会对孩子产生很大的效果。可是，又有多少有知识、有能力、有钱财的人愿意帮助这些农民呢？所以，当您走近他们，真正帮助他们的时候，他们感动不已。而且，纯朴的农民还会以其纯朴的方式回报您，尽管您并不企求回报。这多让人感动啊！所以，我对您又有了更深一层的认识，又增添了一份敬意。

马莉：每次想起那段经历，我依然会被他们感动。我觉得我也从他们身上学到了很多东西。如果有机会，我还愿意尽我绵薄之力帮助他们。

除了想方设法地引导家长做出改变，我还特别注意中国家长对孩子成长的关注点。比如，国外的家长对成绩的关注度是很低的，孩子们真的可以做到快乐就行，所以对于他们来说心理干预技术多数是用来调节情绪的。可是，中国的家长不同，当孩子厌学、厌食、叛逆等问题经过几次咨询有所好转后，九成以上的家长会说："马老师，您这么厉害，再给我的孩子提高一下成绩吧！"不仅家长这么想，作为教师的我也会觉得，一个厌学的孩子，即使我们调整好了他（她）的情绪，当他（她）回到学校后，在这个成绩至上的大环境里，依然会因为成绩不好而"姥姥不疼舅舅不爱"。那么，他（她）那好不容易建立起来的自尊心又会变得不堪一击，我们先前的心理辅导效果也会荡然无存。所以，在中国推进心理健康教育，离开"学习"这个家长极其关注的话题是行不通的。既然避不开，我们就迎难而上。

两年以来，我结合自己陪伴孩子学习的经历和我自己学习的经历，与相关专家综合运用思维导图、脑科学、学习心理学、发展心理学等理论，进行了"运用思维导图法，提高教与学效果"的研究和实践。这种教学方法已经在学校教学中应用，并在小学、初中和高中的个案中进行一对一的辅导，取得了很好的效果。很多孩子在新颖的教学方法的带动下，对学习重新产生了信心；在心理教师的陪伴下，增加了面对困难的勇气。

陶继新：您的分析很有道理，这也是中国教育教学改革如此步履艰难的重要原因之一。我在给校长、老师们讲如何进行教育教学改革的时候，经常会听到这样的反问："学生活起来了，他们的成绩也能提升上来吗？"学生的考试成绩在中国是回避不了的现实问题，不但家长，就连教师、整个社会，都在关注学生的考试成绩。既然如此，我们怎能不关注？当然，我们关注的方式不同于一般意义上的"应试教育"，而是在不断提高学生素质的前提下，让他们的考试成绩也"水涨船高"。如此好事，为什么不去做呢？您开展的"运用思维导图法，提高教与学效果"的研究和实践，不仅让学生提高了考试成绩，还拓展了他们的思维，教他们掌握好的学习方法，并让他们学得更加高效与快乐。其实，我也像您一样，这几年一直在研究教师如何才能实现高效教学，以及如何让学生高效、快乐地学习。我不断地听课、评课，采写中国名师的教学经验，还走近中国在教育方面深有研究的专家，写了很多关于如何高效、快乐地教与学的文章。其实，学生如果会学习、善于学习了，成绩提升就有了水到渠成之势。此之谓"善学者，师逸而功倍，又从而庸之"，即会学、善学的人，往往不用老师多花精力，自己就可以获益良多，并且还会归功于老师教导有方。

魏书生就是这样一个既能让学生考出好成绩，又能让他们学得快乐的教育家。我与他共同编写过三本书，其中一本就是《享受学习》。为什么说"享受学习"呢？孔子说："知之者不如好之者，好之者不如乐之者。"李泽厚先生认为这里的"乐"有审美况味之意，有了这种审美体验，心里也就充满了阳光。从这个意义上说，有效地激发学生的学习兴趣与提高他们的考试成绩相辅相成，是我们教育教学者应当追求的高层境界。

学会生存，让孩子独立翱翔

——魏书生访谈录

魏书生

特级教师，当代著名教育家，全国劳动模范，全国优秀班主任，全国中青年有突出贡献的专家，首届中国十大杰出青年，全国五一劳动奖章获得者，全国十佳师德标兵，全国优秀党务工作者，中国共产党第十三、十四、十五、十六、十七次全国代表大会代表。现任台州市书生中学校长，曾任盘锦市教育局局长、党委书记。当过 22 年班主任、24 年校长、13 年局长。出版专著50 余本。做报告 2300 多场，听众逾 200 万人次。

现在的一些家长太过娇惯孩子，孩子一旦离开家长，就无法生存，甚至闹出很多令人啼笑皆非的事。比如，有的家长要到大学里为自己刚上大学的孩子撑起蚊帐，铺好床铺，甚至洗好衣服。这样的大学生连起码的自理能力都没有，当走向社会的时候，他们又将如何呢？所以家长应该让孩子从小学习一些生存的能力，让孩子学会对自己的未来进行规划并为此付出努力，比如养成锻炼身体的好习惯，让身体始终保持健康；养成交友的好习惯，学习他人身上的优点；养成学习的好习惯，学会适应周围的环境，适应不同老师的教学风格，适应不同同学的性格，在适应的过程中孩子的包容性会越来越大。这样一来，孩子具备了独立生存的能力，就能在人生的长空中独立翱翔，展现出其特殊的精气神。

一、磨难是成长的阶梯

魏书生：一个人的生存能力应该从家庭生活中开始培养。如果孩子能做的事你不让他做，就等于剥夺了他增长生存能力的机会，那么他的生存能力就无法得到提升。同时，孩子还会觉得这不是自己的事，与自己无关。

孩子要想学会生存，就要从小事做起，从家庭做起。让孩子做他自己能做的事，绝不是给他增加负担，而是在开发他的潜能，增加他的能力，提高他的素质。不让孩子做他能做的事反倒是剥夺了孩子提高生存能力的机会，剥夺了他今后更好发展的机会。所以，从小让孩子做一些家务，长大后他的生存能力定是非常惊人的。比如洪战辉，一个十几岁的孩子，能够在竞争这么激烈的社会环境下赚钱养家，你想他的潜能多大啊，生存能力多强啊！一般家庭的孩子，生存压力比他小很多，家长应该创造点机会来锻炼孩子们的生存能力。

陶继新：每个孩子都是带着令家长难以置信的生存能力降临到这个世界上的，家长不但要发现孩子的生存潜能，同时也要给予这些能力得以施展的空间。当今，之所以出现孩子生存能力下降，甚至出现很多成年人结婚后还要妈妈帮着去做饭的怪事，其实这都是家长过分溺爱孩子、凡事越俎代庖结下的恶果。家长不可能陪伴孩子一辈子，及早地让孩子去做自己力所能及的事情才是明智之举。这种良好品质的形成，对孩子的学习、生活、工作，以及以后的发展，都起着至关重要的作用。人的自理能力和对环境的适应能力恰是从生活的一些小事中培养出来的。

二、放手是腾飞的前提

魏书生：有的家长，面对自己已经十七八岁的孩子，还像孩子两三岁时那样对待他们。尽管他们付出的是实实在在的、真心实意的爱，却很难让孩子拥有独立生存的能力。

孩子独立生存的能力来自从小的锻炼。所谓锻炼是多方面的，诸如劳动锻炼、坚强意志的锻炼、吃苦精神的锻炼等。

从孩子生下来的那刻起，父母就要设法给他们创造自我锻炼的机会和条件。普遍做法是根据年龄的不同让孩子做自我服务性的劳动。

陶继新：孩子的能力往往是在很多看似不重要的事情上练就的。比如说吃饭，这是活下来的根本，你不吃饭就没法生存。但现在很多孩子，五六岁了还要家长喂，有的甚至要家长在后面追着喂。这样的孩子多数都很挑食，不是太胖就是太瘦，身体健康很容易出现问题。在孩子小的时候或者最必要的时候没有让其学会必要的独立生存技能，且没有在敏感期得到足够的锻炼，就算三五年之后孩子具备了这项能力，结果也是不一样的。

做家长的一定要明白一个道理，孩子是一个独立的生命，有属于他自己的人生。所以，家长除了给孩子提供必要的帮助和引导外，更应该尊重孩子独立自主的需求，即使是在孩子很小的时候。当孩子有了独立的决定，哪怕家长根据经验知道这个决定有可能是错的，只要不是原则性的问题，都要给予支持。当孩子敢于做出自己独立的决定并获得家人的精神支持后，他们就能够勇敢地活出自己的人生，而在他自己决定的人生旅途中，不论遇到什么，他都愿意去接受，更愿意为自己的选择负责，从而在这个过程中拥有属于他自己的最独特的人生体验。

魏书生：凡是孩子能做，时间又允许的事，就让他们自己做，在做的过程中一定会增长多方面的能力。家长应引导孩子帮家里做一些事情，承担一些家庭责任。这会使孩子感觉自己长大了，也会增强他们的责任感，深感家长的不易，懂得感恩和付出。

陶继新：能力的培养要从小开始，从家庭这一社会的细胞开始。我们不能对孩子放任自流，也不能采取不信任的态度，更不宜对孩子的事包办代办。只要家长起到表率作用，信任孩子并耐心指导，孩子的独立生存能力便会淋漓尽致地显现出来。而且这种能力一旦形成，便会起到促进作用，带动其他能力的提高，以至于以后在处理家庭以外的事情时，也可以游刃有余。实践证明，家长懂得放手之后，孩子反而会更好地成长。而且，孩子在亲力亲为的过程中更能感受到家长的无私付出，同时也给了他们孝敬父母的机会。这样就使他们同时拥有了成就感、幸福感。这种一举多得的事，家长何乐而不为呢？

魏书生：有的家长担心放手会有风险，其实，放手不是冒险，而是让孩子通过种种实践锻炼胆量和能力，从而学会防范危险。如果家长总是怕孩子出意外，总是将孩子保护得严严实实，将来他真遇到什么事，就没有能力和勇气去应对。这好比因担心孩子摔跤而不允许他学习走路，只会让孩子将来走得更为艰难。从这个意义上说，过度保护也会给孩子的安全留下隐患。

三、吃苦是幸福的序曲

陶继新：我以前在曲阜师范大学教学，在大女儿雪梅上小学三年级的时候，我被借调到济南，她和她妈妈留在曲阜。在这期间，因为她妈妈工作也很忙，所以整整一年几乎都是雪梅自己上学、打饭、看病。这一年对她以后的成长起到了很大的作用。她是一个内心笃定的孩子，对自己的理想无比坚持，独立而又有思想。大学毕业后，她找到了自己的第一份工作，成为《齐鲁晚报》的编辑记者，几年里，她的事业一直稳步上升，成为当时报社里最年轻的首席编辑。可是，这几年的工作也让她清晰地认识到，在这样的环境里，她能够看到自己十年、二十年后的样子，上升的空间太有限了。她对自己的成长有更高的要求，于是毅然辞掉这份当时很多人羡慕的工作，之后通过摸爬滚打、自我发掘、持续学习，成长为现在的家庭教育专家。这与她小时候这段独立生存的经历是有很大关系的。这虽不是我有意为之，但是却成就了现在自信的她。那时候，我将一部分工资交给她管理支配。我每次回去，她都会给我报账。她在生活上比较节俭，基本不乱花钱，虽然我每个月的工资很少，但她大部分都能节省下来。

记得有一次我回曲阜，那时候家里的生活条件确实不好，我就带着她去饭店里吃顿水饺，改善一下生活。我给我们两个人各要了一碗水饺，我认为她吃一碗就差不多了。结果，她狼吞虎咽地很快就吃完了一碗。我当时心里挺难受的，思女之情加上对她生活的担忧使我根本吃不下饭。我问她："还能再吃一碗吗？爸爸不想吃了。""能。"她回答得很干脆。结果，很快两碗水饺都被她吃完了。当时她的生活是很艰苦的，平时她都是自己拿着饭盆到学校食堂吃油水很少的大锅饭。但是她很快适应了这种生活，还一直乐呵呵的。

后来，我们全家终于在济南团聚了。大女儿上小学时因为家远，中午就不回家吃饭。我每天给她一元钱饭钱，当时的一元钱用来吃一顿饭还是够用的。结果一段时间以后，有一次，我夫人发现她的睡席下竟然铺着一大堆零用钱。一问才知道她每天只花两毛钱，用五分钱买一个馒头，再用一毛五买一碗豆腐脑，剩下的钱都攒了起来。长此以往，便积攒下了一定数目的"小金库"。现在，她很注重理财，会把自己的收入进行合理的分配。我想，这都跟她在曲阜时那一段"持家"的经历是有关的。

反观现在，好多孩子都生活得太过安逸，有的家长也有意给孩子提供安逸的环境，其实这对于孩子的成长是很不利的。

魏书生：家长要引导孩子吃必要的苦。我有个学生叫李伟，她的父母对她就过于娇惯，母亲担心的不是她将来有没有顽强的生存能力，而是她今天的生活是不是舒适，会不会受委屈。做母亲的老想自己小时候过的日子，天灾人祸都赶上了，吃尽了苦头，尝遍了辛酸，绝不能让李伟再吃当年自己吃过的苦。于是，母亲起早贪黑地为她服务，甚至还为她梳头，为她洗袜子，给她很多零花钱。这样一来，孩子眼前确实是不吃苦，不受累，不缺钱花了，可是家长有没有想过，孩子缺少与困难抗争的经验和能力，将来遇到困难怎么办？面对竞争激烈的社会环境，没有吃苦精神的人将来能在社会中站稳脚跟吗？

后来有一次，李伟所在班级的老师给他们读了一篇文章《中国与西方国家家庭教育的若干比较》，让李伟对西方国家家庭教育的方式、方法感到很新鲜，也许是出于好奇，她还建议母亲也这样教育她。

我劝李伟的母亲抓住这个契机，立即采纳女儿这个建议，并和她一起商量怎样一点点地养成自立自强、吃苦耐劳的品质。

我想，家长若能在更高层次上关心儿女的成长，儿女一定会在德智体美劳各个方面都取得令人惊喜的进步。

陶继新： 有的家长为了让孩子有一个好成绩而承包了孩子除了学习以外所有的生活，但是这多么危险啊，无异于给孩子在未来埋下一颗不定时炸弹，有朝一日会毁掉孩子。所以，家长一定要"狠"点儿心，要知道现在让孩子吃点苦，至少他是在你身边吃的，你可以随时提供帮助和支持。当孩子练就了苦中作乐的心境时，即使他远走天涯，家长也可以放心了。如果现在只让孩子享福，当孩子长大离开家长，或者家长无法在孩子身边时，孩子再遇到困难，家长就爱莫能助了。

魏书生： 最有效、最直接的生存教育就发生在家长和孩子生活中的每一天、每一刻，因为家长是孩子生存教育的第一任老师，而生活是孩子接受生存教育的第一个课堂。家长要教育自己的孩子，使他们不但能独自生活，还能有勇气、有能力面对未来社会中的竞争和挑战，在竞争中得以生存和发展。

优秀家长采风

为女儿积蓄生命能量

——魏智渊在"颠沛流离"中的陪读之旅

魏智渊

曾用网名"铁皮鼓",陕西咸阳人,1973年生。专注于教师培训、课程研发、阅读研究和学校改造,南明教育及全人之美课程联合创始人,公益组织担当者行动橡果书院院长,曾先后兼任多所学校校长。著有《语文课》《教师阅读地图》《苏霍姆林斯基教育学》《高手教师》《高手父母》《儿童读写三十讲》等作品。

魏一言

1997年生，四海为家的女孩。性格单纯、乐观、阳光明媚。从小随父母工作调动频繁转学，辗转十几所学校和数座城市，后就读于英国曼彻斯特大学。成长过程中，阅读与写作是她一切勇气和力量的源泉。9岁在杂志上刊登第一篇童话，这成为照亮她写作之梦的第一缕微光，后来也获得过一些作文比赛的奖项。拥有纯净明朗的心和坚韧不屈的生命力，以文字的形式记录下走过的路、看到的纷繁、感受过的悲欢，并带给读者感动与温暖。

在二十多年的生命旅程中，魏智渊老师一直是在"颠沛流离"中度过的；而其女儿魏一言，从出生之日起就居无定所地随父而行。从小学到高中毕业12年间，魏一言转过10次学，也曾有过不安全感，甚至恐惧感，但随着魏老师与其夫人带着她持续进行大量且优质的阅读，她不但具有了一般学生很难达到的文学水平，也逐渐拥有了一颗坚韧不拔的心。

一、小学：考试成绩不佳却爱上了阅读

小学六年间，魏一言数次转学，所学课程也各不相同，比如语文，小学一年级于陕西乾县老家所学的是人教版教材，二年级于四川成都学的是北师大版教材，三年级于苏州学的是苏教版教材。所以，魏一言考试成绩不佳。尤其是英语，魏一言在老家上学时的教师水平非常一般，她的英语水平可想而知。魏一言到苏州上三年级的时候，100分满分的入学考试，同班同学多在90分之上，而她只考了10多分。整个小学阶段，她的考试成绩一直稳居全班倒数之列。所以，每次考试之前，她心中的恐惧便自然地袭来，自信心与自尊心也一次又一次地受到打击。遗憾的是，当时的魏老师还没像后来那样研读心理学，所以对于女儿的这种心理并没有足够的重视。

爱默生说："自信是成功的第一秘诀。"相反，自卑则是走向成功的绊脚石。魏一言的自卑心理阻碍了其学习成绩的进步。

不过，魏一言也有一般学生不具备的优势，那就是大量且优质的阅读，只不过由此而生成的内在潜能在当时还处于"隐蔽"状态，没有彰显出来。

魏老师和他的夫人都是酷爱读书者，在魏一言3岁的时候，他们就开始陪伴女儿读书。家里没有电视机，更没有手机游戏可玩，有的只是

到处都是的图书。魏一言在耳濡目染中很小就已经对读书乐在其中了。父母陪伴她同读一本书时，她便享受在父母之爱与阅读之美的双重幸福中；更多的时候，她则独自徜徉于书海之中，感慨作者神来之笔的奥妙，甚至偶尔还与书中的人物悄然对话，感受阅读带来的美好体验。

也许有人会说，魏一言考试成绩如此之差，父母不会心急如焚吗？

魏老师和其夫人却并没有因为孩子成绩差而对其失去信心，反而看到孩子身上的一些潜质。这就是魏老师和其夫人的非同凡响之处。他们认为，孩子小时候的大量阅读会为其未来的生命成长积蓄巨大的能量，到了一定的生命节点，孩子身上一定能生出一种超越常人的力量。

也许有人会说，读了这么多的书，写作水平一定会特别高吧？

这要看在什么年龄阶段，因为阅读在魏一言心中所形成的力量多是有着一定时段的潜伏期的，不到爆发的时候，往往是千呼万唤也出不来。所以，魏一言直到上小学四年级的时候，语文成绩依旧不佳，就是作文也写得很不理想，往往是把一篇作文"一气呵成"写完之后，才把标点符号逐一加上。

魏一言上小学五、六年级的时候，又随同父亲来到江苏宝应实验小学上学，这是翔宇教育集团的小学部，也是新教育的实验班。这个时候，魏老师已经意识到女儿在小学前四年中心理上受到了伤害。其实，绝大多数考试成绩差的孩子，对于考试都存在或多或少的恐惧心理，这种不安全感如果得不到解除，不但会影响孩子的成绩，更会影响其心理的健康等。

解除魏一言心理上的负担，读书依然不失为一个很好的方法。于是，在魏一言上五、六年级期间，魏老师和他的夫人与女儿共读了《特别的女生萨哈拉：一个孩子的特别成长经历》，这本童书的主人公萨哈拉在老师和同学们的眼里是一个需要"特别的帮助"的笨学生，可是，她热爱阅读，疯狂地喜欢写作，甚至还写了一本属于自己的书，并将这本书偷偷地藏在图书馆里，期望有一天有人能看到自己的作品。后来，萨哈拉终于取得了成功。这其中一个重要的原因是萨哈拉后来遇到了一个叫波迪的老师，正是这位班主任唤醒了她的自信心，改变了她的生命走向。

魏一言读这本书的时候，似乎从萨哈拉身上找到了自己的影子，自信心开始从心底萌发。魏老师也不失时机地对其进行点拨与鼓励，并将泰戈尔的名言送给她："我的存在，对我是一个永久的神奇，这就是生活。"这句话，一直到大学，都是魏一言的座右铭，而且成了她的QQ签名，并让她对自己有了"我能行"的信心。尽管魏一言考试成绩还是不理想，但她相信"我能行"，且写作热情更加高涨，写作水平也日渐提升。同时，她所读之书的层次也越来越高，到小学六年级暑假的时候，她开始读《红楼梦》，而且常常读到晚上两三点方才恋恋不舍地放下书去睡觉。

魏老师很是欣喜，又担心女儿读起《红楼梦》来力不从心，可在与魏一言交流的时候却惊喜地发现，女儿不但读了进去，而且有了属于自己的看法和感悟。比如，绝大多数读者认为赵姨娘一无是处，女儿却说她并非十恶不赦，作为一个母亲，她是为了自己的孩子才有了"非常"言行的。

有了感想，又与父亲交流之后，魏一言便开始撰写《红楼梦》的评论，这让魏老师始料不及。可当他阅读女儿写的评论时，他顿时激动和兴奋起来，发现女儿不是一时兴起，而是连续写了几十篇；写的内容也不是泛泛而谈，而是篇篇都有真知灼见。更让魏老师感到高兴的是，女儿写作时非但没有感到有负担，还一直处于乐此不疲的状态。

魏老师当然明白，"冰冻三尺，非一日之寒"，女儿写作水平"突飞猛进"地提升，以至抵达孔子所说的"知之者不如好之者，好之者不如乐之者"的境界，离不开她十几年一以贯之的阅读，尤其是深层次的阅读，否则她是不可能抵达这个境界的。古人言："取乎其上，得乎其中；取乎其中，得乎其下；取乎其下，则无所得矣。"由此看来，我们读书一定要读好书。阅读大师的经典之作，虽然很难达到大师的水平，却可以抵达中层境界；如果阅读中层水平的作品，就更可能在下层境界徘徊复徘徊。遗憾的是，目前一些学生，甚至老师，所读之书却一直摇摆于中和下层次之间，其结果往往是得乎其下或者无所得了。从这个意义上说，一个人如果读书品位不高，即使读得再多，也不能够产生质的飞跃，甚至终其一生也只能对着那些由于阅读经典而跃升到高层境界者望洋兴叹。

魏老师工作太过繁忙，更多的时候是其夫人陪伴女儿读书，可他只要有一点儿空闲时间，就会陪伴女儿读经典之书。他认为，经典之中不但摇曳着智慧之光，还有着照耀人心灵的思想之光。这些光芒射进女儿心里的时候，会让她的生命充满能量。所以，一直到女儿高中毕业，他与女儿共读之书几乎全是经典之作。这对女儿未来写作水平的提升无疑起到了巨大的作用，对其心理的不断强大也是功不可没。尽管到了小学毕业的时候，女儿的考试成绩依然平平无奇，可从其阅读层次与写作水平方面看，魏老师感到女儿已经具备了向更高层次进军的潜力。

二、初中：考试成绩逆袭且熟读经典

当时上初中尚需考试，魏一言虽然以全班倒数第一的成绩考进了江苏省宝应实验初中，可魏老师觉得这个时候的女儿已经蓄势待发。事实果真如此，上初一后不久，她的考试成绩稳步提升，期中考试时已经进军到全班中游行列。同时，她开始模仿着《红楼梦》的笔调创作武侠小说，而且语言已经具备了文学的况味。这非但没有影响到她的学习，反而使其考试成绩开始逆袭，期末考试时她的成绩已经跃居全班中上游水平。

正当魏一言充满信心地继续向更高层次冲锋的时候，魏老师和干国祥等人又"转战"到鄂尔多斯唯一的乡村小学罕台新教育小学，魏一言只好随父"远征"，到了周边已经沙漠化的罕台镇。镇上的条件不是很好，冬天气温低至零下二三十摄氏度。罕台镇没有初中，要想继续上学，只能前往鄂尔多斯市区。可是公办学校又不能寄宿，每天往返城乡之间谈何容易！何况当时魏老师和一起前往的一队人马，没有一个人有驾驶执照。

在万般无奈的时候，魏老师和同往罕台镇的干国祥商量后决定，让他们各自的女儿魏一言和干如云居家学习，由团队中的老师教她们两个语文、数学和英语，每门课每周一次，每次半天或两个小时。然而由于团队中语文教师居多，没有专业的数学和英语老师，迫不得已，三门学科全由语文老师执教。

她们学习的不是当时现行教材的内容，而是老师自创的师本课程。语文课上，魏老师教的是司马迁的《史记》和王国维的《人间词话》以及几百首经典诗词，所教《史记》也并非选读本，而是原版书。在这一年里，魏老师将《史记》教了二分之一，他逐一断句，言其要义，循循善诱地带领两个孩子探索其中的奥妙。

魏老师的徒弟杨超毕业于中文专业，由他来给两个孩子上数学课。另有一位老师给两个孩子上英语课时则是带着他们学习《新概念英语》，让他们听着原声学习英语，或不计其数地观看原版英文电影，没想到两个孩子学得相当投入，竟然能将英文电影台词倒背如流。

显然，这种以居家自学为主的学习方式是迫不得已而为之。为了能让孩子正常去学校上学，魏老师开始学习开车，并拿到驾照，随后又买了汽车。

初二的时候，他便将女儿送到鄂尔多斯市区上学。可那里既不能住宿，也没有餐厅，魏老师只好早起开车送孩子上学，中午将孩子接回家中吃饭，然后再将其送到学校，到傍晚再将孩子接回家中。

也许有人担心，两个孩子居家学习，到了鄂尔多斯市区上学时，会不会学习吃力，成绩很差？事实恰恰相反，两个孩子进入一个新班级之后，很快便崭露头角，学习成绩一直在优等生之列。她们的语文成绩不但优秀，而且说起话来口若悬河、旁征博引，其写作水平之高更是让其他同学刮目相看。

魏一言的英语水平之高也非一般学生可比，休说教材上的内容她已全然掌握，即使即兴用英语对话也轻松自如。

两个孩子之所以抵达如此高的水平，与魏老师和干国祥的教育观念有关。他们认为，老师依照教材亦步亦趋而教，学生跟着老师循规蹈矩而学，有的时候尽管也可以让学生考取好的成绩，可是如此为了应试而学的很多知识，学生无法灵活运用，学生的思维是不流畅的。而居家之时老师的教学打开了魏一言的学习视野，让她不但可以取得好的成绩，而且还拥有了自我学习乃至自我探索的兴趣与能力。所以，从初二到初三，魏一言在班里的成绩一直处于遥遥领先的位置，自信心与自豪感也开始在她的心里复苏。

三、高中：辗转四校经历磨难而锻造精神品质

魏一言上高一的时候，"新教育"在北京丰台落地，魏老师到丰台新教育小学担任校长，魏一言也由沙漠之地来到首都北京上学。

也许有人认为，魏老师的女儿尽管在鄂尔多斯学校出类拔萃，可到了"群英荟萃"的北京学校就很难脱颖而出了。尤其是英语，北京的学生几乎从小学开始就一方面在校学习，一方面课外参加辅导班，高一年级《新概念英语》学到第三、四册者，大有人在。

但魏一言的英语成绩在班上仍然很出色，甚至代表学校参加英语演讲比赛。这与她在鄂尔多斯的自学之道不无关系。她的即兴演讲总

能让人眼睛一亮，让人惊诧于她何以能有如此高的英语口语水平，又怎么拥有如此高的文学素养？其实，何止是即兴演讲，她与外国人交流起来，都会让对方钦佩不已。

进入高一之后，魏一言的语文成绩在全班更是名列前茅。在女儿上初中时，魏老师已经带着女儿读完了挪威作家乔斯坦·贾德创作的一本关于西方哲学史的小说《苏菲的世界》；高一的时候，他又带着女儿拜读了美国恩斯特·贝克尔关于死亡讨论的哲学著作《拒斥死亡》等。而且每本书，魏老师都带着女儿一个字一个字地读，读读讲讲，并与女儿进行交流。魏一言上高一时的一位任课教师系北京市的特级教师，发现魏一言的写作水平很高，便推荐她参加全国中学生创新作文大赛。这个大赛是和新概念作文大赛并列的全国两大有影响力的作文大赛。参加这项比赛的高中生多是全国高中生中作文水平佼佼者。魏一言过关斩将，获得北京赛区一等奖，参加全国比赛时也取得很好的成绩，给她颁奖的则是出版《尘埃落定》的当代著名作家阿来。

魏一言不但在大奖赛中脱颖而出，而且在全国一些文学类杂志中显露头角，甚至撰写专栏。

没想到在魏一言上高二的时候，新教育从北京学校撤离，作为新教育人的魏老师只好中止在北京的教学工作，魏一言也由此无缘在北京继续上学。魏老师的姐姐在西安名校铁一中担任语文教师，所以，魏老师再三考虑后决定让魏一言回西安去读高二。可要想进入这所名校,就必须在期中的时候参加入学考试。为此,魏一言只好先在西安二中就读,到期中的时候再去参加铁一中的入学考试。

可已经习惯北京学校教学的魏一言,到了西安二中出现了"水土不服"的现象。北京教学不但进度慢,而且教的内容也比较浅;可在西安,许多高中只用一年半时间就将教材教完,其余时间则全然进入到应试的复习之中。西安的教学方式也与北京大相径庭,这让魏一言很不适应。

魏一言常年随同父亲"南征北战",其中的酸甜苦辣绝对是一般学生难以想象的。但由此也培养出不怕困难、坚韧不拔的品质。为了赶上其他学生的学习进度,她几乎每天晚上都挑灯夜战至凌晨两三点钟。

高二期中考试刚一结束,魏一言就先给铁一中校长写了一封信,随后又参加了铁一中的入学考试。一方面,她的学习成绩已经大有长进,另一方面,她的信让铁一中校长莫名感动。于是,她被破格录取。本应当为此庆贺的时候,却又出了意外。因为魏一言的户口先前已经迁至鄂尔多斯,不但要回鄂尔多斯参加高考,还要回到那里上学。否则,她将会被视为"高考移民"而失去参加高考的资格。在迫不得已的情况下,她只好转至鄂尔多斯一中上学。

鄂尔多斯一中是整个内蒙古自治区最优质的三所高中之一。魏一言被安排到了一个文科重点班，她的同学个个了得，后来全都考入一本院校。在进入学校后的第一次考试，魏一言"天经地义"地成了倒数第一名。

十几年来随着父亲"颠沛流离"，魏一言尝尽了由于成绩等问题被打压的诸多苦头，不过，她跟着父亲读过的很多经典名著已经照亮了她的精神世界。而且她发现父亲不管处于什么环境，遭遇多大困难，都能坦然对待，这在无形中激起她顽强的斗志。

魏老师与其夫人也像其他家长一样，孩子一入高中，就想为其买一个智能手机，可是，魏一言却说自己只想要一个80元钱的老人机，她怕自己玩手机上瘾，控制不住自己。魏老师的朋友送给她一个平板电脑，她用了一段时间后，怕控制不了自己，便将它收了起来。一段时间后，父母方才知道此事。魏老师欣喜地发现，女儿已经有了一定的自控能力，而这恰恰是学习进步的重要因素，也是走向成功的必备品质。

然而，由于辗转于多所学校、无数次考试成绩不佳，对于考试的恐惧已经烙刻在魏一言的心里，所以她在高考时发挥失常。魏一言尽管曾获得过很高的奖励，又写出了那么多文质兼美的作品，但依然与理想的大学擦肩而过，只是被一所并不中意的一本大学录取。

四、出国：厚积薄发获取世界名牌大学硕士学位

魏老师和女儿商量是在国内读一般的一本大学，还是到国外读世界名牌大学。几经考虑，他们选择了后者。众所周知，要想走出国门，英语是绕不过的坎。这对于魏一言来说并不是十分困难。所以，雅思考试魏一言只考了一次就顺利过关。随后她考进了英国的曼彻斯特大学，而且选择了她所喜欢的金融与经济专业。本科毕业之后，她又继续攻读研究生，且顺利取得了硕士学位。

学成回国之后，魏一言成为全球最大的咨询公司上海分部的职员，而她所创作的两部小说也将有一部被漓江出版社出版。

其实，魏一言取得如此成绩还只是开始，因为厚积薄发是一个不变的生命规则。她有一般孩子没有的"厚积"，不只是阅读了大量文学与哲学等著作，而且还有不同寻常的生活阅历，而这些恰恰是一个人走向成功的必备条件。从这个意义上说，魏一言之"发"更指向未来。这不只是我们的期待，它一定会成为现实。

遵循成长规律，激发内在潜能

——王立华引导孩子具备多种爱好

王立华

1979年生，临沂光耀实验学校副校长，中小学正高级教师。发表的文章中，《做研究型班主任：演绎中国岗位的美丽》等11篇被"中国人大复印报刊资料"全文转载。已出版《会做研究，班主任就赢了！》《回归生命——一位班主任的生命教育实践》等著作。曾获得"山东省2006年度教育创新人物（班主任）"、首届"临沂市十佳班主任"等称号。曾获山东省省优质课评比一等奖、2018年基础教育国家级教学成果奖二等奖、山东省级教学成果奖特等奖、山东省教育厅教科研成果一等奖等二十余项奖项。

王思尧

2006年10月出生，现就读于临沂一中。爱好广泛，尤其热爱阅读、网球、游泳、书法、旅游。多篇作文发表于《作文导报》等报刊。曾获ROBOC国际机器人创客能力二级，第一届全国游泳锻炼海豚标准达标赛（临沂站）第四名。软笔、硬笔书法均通过了中国书法家协会的十级考核。在节假日热心参加各种志愿者活动。曾获得"临沂市优秀学生干部""临沂市好少年"等称号。

山东省临沂光耀实验学校的王立华老师，是当今教育界少见的"名不符实"的专家，因为其水平远在不少已经声名远扬的教育专家之上，却并不是人人皆知。

现在，他依然在沂蒙山区工作，并不是不能跻身于大城市之中，有些单位与名校甚至数次相邀却皆被他婉言拒绝。我想，这自然有其原因，也许栖身于这个并不太喧嚣的地方，可以让他静下心来研究学校管理、班主任工作与语文教学，也能有更多的时间读书与写作。从某种意义上说，他是当今时代的一个"另类"。

他在家庭教育方面虽然默默无闻，但他在这方面的探索与实践，却比一般家庭教育专家有着更为深刻的学理色彩与实践价值，尤其可以给众多的家长很多非常有益的启示。当很多家长让孩子持续不断地走进辅导班或者永无休止地刷题时，他却引领儿子王思尧走向多种爱好之路。王思尧不但从小就沐浴在音乐之中，到了初三又学起了小提琴，还喜欢篮球、游泳、长跑等多种运动并爱好读书、旅游等。这是不是会影响王思尧的考试成绩呢？答案是否定的，而且他的各科成绩在班里一直遥遥领先。更重要的是，这些爱好让他锻造了更多优秀的品质，并具备了很大的发展潜力，从而为他未来更好的发展奠定了坚实的基础。

囿于篇幅，笔者只从以下两个方面叙写王立华是如何培养儿子走向多种爱好之路的，尽管如此，相信读者依然可以窥斑见豹，在"学而时习之"后，也能让自己的孩子走上多种爱好之路，并由此不断地收获令人欣喜的硕果。

一、读出雅趣与习惯

当新媒体以排山倒海之势迅猛而至的时候，不少家庭有了数字电视和电脑，父母与孩子也都有了可以上网、打游戏的智能手机。可是，新媒体在为人们的生活带来便利的同时，也让不少人远离了书面阅读，甚至深陷游戏的泥潭里无法自拔。

王立华的家里虽然有一台电视，可基本上是一种摆设，十多年来没有电视信号，几个月甚至一年也难打开一次。至于打游戏，夫妇二人更是敬而远之，从不触碰。

时间是恒定的，远离了电视与手机游戏，就有了较多时间用于读书。于是，下班回家之后，王立华除了读书就是写作，而他的夫人则在研读她所喜欢的《黄帝内经》《诗经》《世说新语》等经典著作。儿子王思尧自幼生活在这样的家庭氛围里，自然也喜欢上了读书。

家庭环境的熏陶固然重要，父母的引领也不容小觑。在儿子咿呀学语时，王立华就开始有意培养他的阅读兴趣。开始是王立华夫妇陪伴儿子阅读绘本，小家伙在书上边看边画边写，有时口里还念念有词。后来读纯文字书的时候，王思尧边看边读。到上小学写作业的时候，王思尧开始边写边说。刚开始时王立华认为儿子是在唱歌或者偷懒，可他仔细一看，原来儿子是手里写一遍，嘴里又嘟囔着重复一遍。如此学习，不但效率高，而且效果也好。从小学到中学，王思尧虽然从来不参加学科辅导班，也没有像有的学生那样挑灯夜战，可他的学习成绩却在班里一直名列前茅。

在儿子上幼儿园和小学的时候，王立华还教儿子背诵《论语》。也许有的家长认为，孩子并不了解其中的要义，怎样能够背过？其实，他们不知道背诵有一个规律：年龄越小，记得越快，忘得越慢；年龄越大，记得越慢，忘得越快。孩子虽然年龄小，却有着大人难以企及的背诵能力。所以，在一般大人看来将《论语》全部背诵下来何其难也的事情，孩子却能很好地完成。这种被称之为无须理解文义的"素读"之诵，从古至今让一些人从小就具备背诵经典的"童子功"，以至长大后走进国学的殿堂。王立华之所以让儿子背诵《论

王立华与学生们在一起

语》还有一个重要的原因，那就是这本以孔子与其弟子及时人的对话录，蕴含中国儒家文化的经典思想和很多做人的道理，小时候记诵于心，长大之后，随着知识和阅历的增长，其中的很多思想就会"再现"出来，有的甚至可能已经融入心灵深处。这样，背诵《论语》也就成为一个人终生做人处事的奠基工程。事实确实如此，王思尧在小学时尤其是到了中学之后，不管是内心世界，还是行为举止，都表现出了超越一般孩子的优秀品质。王立华欣喜地说，《论语》的思想还会继续在儿子的心里"发酵"，以至在未来发挥更大的作用。虽然当时这种价值引领是有意为之，但一个人一旦有了如此丰厚的"积蓄"之后，就可以受用终生，以至拥有一个更加美好的人生。

王立华之所以能够成为全国优秀班主任和教育专家，也与他喜爱读书有着内在的联系。平日里，他和夫人以书为伴，一旦沉浸其中，即使窗外传来嘈杂之声，也难入其耳。夫妻二人不但喜欢读书，而且也喜欢购书，以至房间里"书满为患"，可两个人依然遇到好书就买。为了让这些越来越多的书有一个安家之处，王立华就参照图书馆的样式，在书房以及电视墙、餐厅等地方都安置了书架。

自幼沉浸在书海之中的王思尧，也像他的父母一样，只要有空闲时间，就从书架上取出一本心仪之书，全神贯注地阅读起来。

随着书读得越来越多，王思尧的阅读水平也水涨船高。王立华担心王思尧只是粗略浏览而已，但当他问及书中主要内容时，王思尧却可以将基本故事情节以及前因后果说得一清二楚，甚至还可以从中整合出某些一般读者未必能够提炼出来的信息与观点。

阅读对王思尧学习语文学科知识起到了重要的作用。现在，他学习起语文来轻松自如，语文成绩也非常优异。其实，语文学习没有那么复杂，说到底就是"读写"两个字。孩子从小喜欢读书与写作，不但会有效地提升学习成绩，还会对他未来的发展产生积极的影响，让其终生热爱阅读。

王立华认为，孩子如果只是学习课本知识，没有大量优质的阅读，虽然也有可能考上重点学校，但却不能具有持续发展的动力。况且，好书中不但蕴含着丰富的文化内涵，而且也闪耀着智慧的光芒，读得多了，自然也就会"腹有诗书气自华"。而愈是如此，就愈爱读书，以至养成终生阅读的习惯，并由此具备一定的文化品位。

二、玩出成绩与品质

儿童喜欢玩具是天性使然，可是有的家长却认为这是"不务正业"，会影响学习。因此，真正让孩子在游戏天地里快乐驰骋的家长并不为多。而王立华则是这为数不多者中的一个，他对儿子玩玩具极其"放纵"，不管耽误多少时间，都在所不惜。他认为，真正好的玩具不但可以锻炼孩子的动手能力，还会在无形中提高孩子的专注力。一个孩子学习成绩的优劣甚至未来发展的好坏，虽然与智力有关，但也与专注力有着更加密切的关系。

小学低年级的时候，王思尧对乐高积木便已情有独钟。这种塑胶积木一头有凸粒，另一头有可嵌入凸粒的孔，形状有1300多种，每一种形状都有红、黄、蓝、白、绿色等12种不同的颜色。儿童通过动脑动手，可以将乐高积木拼插出变化无穷的造型，所以，孩子们只要沉浸其中，几乎无一不是爱不释手。

起初，王思尧所玩的只是乐高积木这种相对简单的组装类玩具。尽管如此，他也必须将相应的零部件拼接到相应的位置。有些款式的造型零件多达2700多个，而且零件形状不一，他要按照乐高积木的图纸，通过卡口嵌进相应的方位，即使一个对应不上，都无法成功。可是，在整个过程中，王思尧没有知难而退，自始至终全神贯注而又有序地进行着他的拼接"工作"，这在无形中培养了他做事精细以及极其专注的品质。

小学高年级的时候，王思尧开始玩起万代玩具。其中风靡世界的"Gundam Seed机动战士"玩具模型，设计新颖，富于动感，更受孩子们喜爱。

对于把乐高积木已经玩出相当"水平"的王思尧，步入万代玩具这个神奇的世界后，又发现另外一种情趣。因为玩这种玩具时，必须通过钳子和砂纸，将铝合金材质打磨得既小又精致，玩家常常是花费整整一个上午都拼制不出一条腿来。盛夏时节，王思尧挥汗如雨地投入其中，连汗水都无暇擦上一把。有时他十分努力，却依然不能如愿以偿。因为零件插口和接触点之间的距离只有不到1mm甚至只有0.5mm，即使他特别认真，也很难每次将零件插进其中。而每次成功组装完成后，王思尧便会高声欢呼起来，庆祝自己的胜利。王立华虽然没有口头上表扬儿子，却在心里乐开了花。

王立华不但为儿子的"独乐乐"欣喜不已，而且为儿子能够"众乐乐"而感到欣慰。王思尧和爱玩玩具的同学建立了一个兴趣群，经常在群里交流经验与感受。在这个群中，王思尧当属高手，有的同学百般努力却无法进展下去时，往往请他前去"救场"。不管多么忙，他总是应声而往，并能解同学一时之困。尤其是有的同学已经将水口打磨得很小，还是插不进去的时候，他的解答多会让同学感到"柳暗花明又一村"。有的时候，他还会指导同学精益求精地继续修整，那种专心致志的神态是很难在孩子身上看到的，大功告成后双方都狂喜不已。

上初中后，儿子依然玩心未泯，而王立华非但不予以干涉和制止，反而有"怂恿"之嫌。有的时候王思尧玩的不只是玩具，还有与学习相关的器具。比如，化学老师建议有条件的学生，最好在家里置办一些化学仪器，以便自己在家做实验。好在王思尧的表哥曾经给过他一些化学仪器，王立华又买了一些化学仪器。可整个家里满满当当的，几乎没有放置这些化学仪器的地方。于是，王立华就将自己练习书法的两米多长的书桌清理出来，将其变成王思尧的化学实验台。没有老师现场指导的化学实验，很难一次性成功。但王思尧在遭遇失败时一点儿也不气馁，甚至有愈战愈勇之势，这也在无形中养成了不怕失败和坚持不懈的良好品质。

有些化学实验并非老师布置的必做作业，老师只是倡导一下，王思尧却会认真对待，做起某项化学实验来。

有的时候看着儿子进行化学实验，王立华就有一种莫名的喜悦袭上心头，因为他发现儿子之"玩"奇迹般地迁移到了学习上。王思尧尽管从来不参加学科辅导班，可他总能在每次学科考试中取得好成绩。另一方面，王思尧在"玩"的过程中，逐渐形成了具有条理性、缜密性的思维，良好的专注力和精益求精的优秀品质；同时，还养成了虽以成功为喜，却不以失败为辱的精神。这不只对他当下学习大为有益，而且对他未来的发展奠定了非常好的基础。

积极心态是走向成功的必备品质

——小雨老师让孩子在磨难与激励中更好地成长

王庆忠

任职于中国建设银行，因QQ昵称是"衡水小雨"，故被称作"小雨老师"。

小雨老师是卓越的家校互联代表、衡水市衡水中学优秀培训师、衡水市第八中学家长学校荣誉校长、邯郸市复兴中学家长学校教育顾问等。他还是全国知名的公益家庭教育专家，长期应邀给学生做励志报告，为家长分享家庭教育经验。12年来，他利用业余时间，在全国各地开展各种形式的公益活动300余场。他是公众和媒体追捧的家庭教育网红大咖，曾对话广东卫视等，反响强烈。QQ空间总访问量超过1600万。

小雨老师在儿子王昭雨高中三年期间，写了30万字的《衡中家长手记：和儿子一起成长的衡中三年》一书，生动而真实地记录了儿子的成长历程和自己的教子经验与感悟。

王昭雨

中考以衡水市第二名的成绩考取衡水中学。高中三年，成绩名列前茅，多次获得三好学生，取得生物奥赛省一等奖，清华大学领军计划人选，高考以河北省理科第四名成绩考取清华大学建筑学院。本科期间，由于学业成绩优秀、综合素质高，获得国家奖学金、西南联大奖学金、社会工作优秀奖、社会实践一等奖，毕业时获得北京市优秀毕业生称号，并以全系第二名的成绩被保送直博。读博期间，担任2016级建筑系辅导员，同时担任院团委副书记，获得博士研究生国家奖学金。现在任职于中国农业银行总行。

在与很多家长交流的时候，他们几乎都说特别爱自己的孩子，可是，有些家长之爱是溺爱，甚至是错爱。溺爱不是真正的爱，它不但会阻碍孩子的成长，甚至有可能将其引入歧途。

在阅读小雨老师的著作《衡中家长手记：和儿子一起成长的衡中三年》以及采访他的时候，笔者感到他对孩子的爱是智慧之爱——不是溺爱，也不是打击，而是让其在磨难中成长，并在其生命的关键节点上给予必要的激励，从而让他的儿子王昭雨不仅在学业上品学兼优，而且在工作中也取得了傲人的成绩。笔者相信，未来的王昭雨一定可以"更上一层楼"。

一、关键节点上给孩子以激励

名校之所以让家长趋之若鹜，一个重要的原因就是名校有比一般学校更多的名师和更深厚的文化底蕴。老话说"名师出高徒"，从某种意义上讲，名师培养出来的学生考上好大学的概率更大，在某个节点上可以改变孩子的命运走向。

在择校热一浪高过一浪的时候，王昭雨即将升入初中，小雨老师不得不考虑儿子究竟在哪所学校读书的问题。离家较近的初中是七中，可全校只有区区三百多名学生，且多年来升学率一直不高；三中离家较远，是一所有一千多名学生的大校，且升学率远在七中之上。小雨老师所在单位的职工，几乎都想方设法地让自己的孩子进入三中学习。

小雨老师也不是没有想过三中对孩子发展的有利因素，可他认为，从有利于孩子身心健康以及维系和谐的亲子关系方面考虑，孩子没上高中之前还是走读为好。同时，他又通过在三中、七中和教育局工作的朋友了解到这两所学校的优势与劣势，发现比起三中，七中当下虽然处于劣势，可是却正处于上升期。而由于在银行工作，与企业打交道较多，小雨老师发现已经有些名气的企业因思维惯性而发展缓慢，甚至出现慢慢倒退之势；相反，有些企业当下并不有名，经济利润也一般，可是却呈现出蒸蒸日上之势，若干年后，反而超越了那些老牌企业。他认为，学校虽然不能与企业等量齐观，却有相同之处。所以，他决定让孩子就近入学，到七中读初中。

在做出这个决定之前，小雨老师召开了一次家庭会议。他首先谈了自己的看法，可并非一锤定音，而是让所有家庭成员都谈谈去三中和七中读书的利弊得失，最后再由儿子决定。

王昭雨是一个比较有主见的孩子，听了小雨老师的引导性意见和家中老人发表的就近接送孩子方便的意见，以及其他意见，经综合考虑后选择了七中。可小雨老师却也由此承受了很大的压力，与他同单位且同住一个家属院的同事家的孩子，当年全都进入了三中。

入学那一天，小雨老师很认真地与儿子进行了一次谈话。他说："我现在还不能确定这个选择是对还是错，可是，既然已经做出了决定，我们就已经没有回头路可走。而这三年到底走得如何，就全靠你自己了。这次入学我送你，中间三年全由你爷爷接送。到你毕业的时候，我再接你一次，希望那个时候你能给我一个满意的结果。"

王昭雨明白爸爸的压力之大，使劲地点点头。

初三毕业考试，王昭雨取得了全校第一名的好成绩；中考时，他又以衡水市第二名的成绩考进了衡水中学。

小雨老师说，是学校成就了儿子，因为与儿子同在七中上学的几个学生也考出了优异的成绩。当年衡水市共有5000多名考生参加中考，而七中这所只有300多名学生的初中，竟有4名学生考进全市前十名。同时，有不少人说，王昭雨等优秀学生也由此成就学校，让七中名声大噪，随后家长们再行择校时，好多家长的首要选择都是七中。

在很多人向小雨老师祝贺的时候，他虽然十分"得意"，但绝对没有"忘形"。他知道，这只是儿子整个人生历程中的一小段路，未来的路还很长，过去的成绩都已成为历史，未来还有更高的山峰等着儿子继续攀登。所以，在儿子即将步入衡水中学的时候，他又和儿子进行了一次交谈："过去所取得的成绩说明，你只要努力，就一定可以取得成功。所以，只要继续努力，在衡水中学你照样可以取得好成绩。况且，到了衡水中学之后，你就不仅仅代表你自己，还代表七中，因为你是以七中第一名的成绩考入衡水中学的，你还要继续为七中争光。而衡水中学集中了河北省一大批优秀的学生，与他们在一起学习的时候，你要更加努力，以本地学生的身份为衡水争光。"儿子再次使劲地点点头。

王昭雨没有辜负父亲的期望，在衡水中学的三年时间里，他在各个方面的表现都很优秀。高考成绩揭晓后，他以衡水中学第三名、河北省第四名的成绩再创佳绩，顺利地考进了清华大学。

小雨老师莫名地欣慰，却并没有忘乎所以地沉浸在儿子考进清华的喜悦里，而是又与儿子进行了一次谈话："儿子啊！你考上了清华大学，是你的成功和骄傲，爸爸与家人也在分享你的成功和骄傲。可是，到了清华大学后，你代表的并不是你一个人，而是衡水中学，甚至是整个河北省，因为你取得了全省第四名的成绩。所以，在未来四年的大学生活中，你要加倍努力，走上一个更高的境界。"

儿子仍然是使劲地点点头，可这次，小雨老师分明看到，儿子的目光里透出了异常的坚毅与自信。

真是"不负父望"，在整个大学四年时间里，王昭雨在各个方面的表现都非常优秀，而且还获得了国家奖学金。毕业的时候，他以全系第二名的好成绩被保送直博，而他的博士生导师正是他所在学院的院长，而且就在这期间，他又获得了国家特等奖学金。

王昭雨读博期间，他的导师应邀来衡水中学做报告，而他则是唯一的陪同者。当小雨老师看到儿子和导师连说带笑地一起走进衡水中学报告厅的时候，他的心里立马涌现出莫名的激动，儿子能有机会与这么有名的导师交流，一方面说明导师对他厚爱有加，另一方面也说明儿子已经今非昔比了。

儿子的导师热情地握着小雨老师的手说："谢谢您为我们培养了一个这么优秀的孩子！"小雨老师听后为儿子能有这么一个卓越的导师而倍感欣慰。

2021年，王昭雨博士毕业，成为中国农业银行总行的一位职员。

笔者在称道小雨老师教子有方的时候，他只是谦虚地一笑："其实，我这个做父亲的，只是在儿子重要的人生节点上为他做了一些参谋，并给予他一点促其上进的激励罢了。"

孩子成长的每一步都至关重要，而在决定其生命关键走向的时候，父母就要用心思考，像小雨老师那样为孩子做好参谋；同时，所有人都希望得到鼓励，尤其是孩子，父母的激励往往可以起到巨大的作用，甚至有可能改变孩子的生命走向。

二、让孩子在磨砺中成长

小孩子走路常常是"慌不择路"，摔倒便成了寻常之事。可有不少时候，孩子往往不是自己爬起来，而是躺在地上，非要让父母扶起不可。有时如果摔得稍重一些，他们还会"小题大做"地号啕大哭。于是，父母便立马心疼地将孩子抱起，百般抚慰，直到不哭为止。

小雨老师的儿子王昭雨小时候也曾摔倒过不止一次，尤其是开始的时候，哭着希望父母"救护"并进行抚慰。可小雨老师并不答应王昭雨的要求，而是告诉他："我和你妈妈继续往前走，你哭完之后再追上来，我们就在前边等着你。"然后，他头也不回地向前走去。王昭雨发现用哭来要挟父母无济于事，只好擦干眼泪，从地上爬起来，紧赶几步，追上父母。不过，王昭雨也曾很生气地质问父母："我摔倒了，你们为什么不管我？"随后，王昭雨用小拳头打了爸爸一下，以示惩罚。

可让王昭雨怎么也没有想到，爸爸随即还手，打了他一下，说："又不是我让你摔倒的，你凭什么打我？你应该回头看看到底为什么摔倒，以后遇到这样的情况不再摔倒才对啊！"

王昭雨看爸爸非但一点儿也不"妥协"，反而把自己教训了一番，开始觉得十分委屈，可如此几次之后，他再也没有"故技重演"，而是自我总结教训，摔倒的次数也越来越少。即使偶尔摔倒，王昭雨也会马上从地上爬起来，并很不好意思地向父母笑笑，其潜台词是在说："对不起，下次不会再摔倒了。"

也许有人认为小雨老师是不是有点儿小题大做，其实不然，孩子摔倒这件事虽然不大，但由此折射出来的家庭教育观念却要引起家长们的注意。孩子由于自己的原因摔倒并大哭，父母出于对孩子的疼爱而将其从地上扶起，会在无形中向孩子传递一个错误的信息：即使是由于自己的原因犯了某种错误，出了一些问题，责任也一定是父母的。久而久之，这种推诿责任于他人的思想就会在孩子心里扎下根来，甚至由小变大。如果在很多事上都是如此的话，就等于在孩子小的时候为他种下一粒不良品质的种子，这粒种子到了一定的时机就有可能生根、发芽乃至结出恶果。

与孩子的父母相比，爷爷奶奶的溺爱往往更为严重。尽管小雨老师对王昭雨要求比较严格，却很难阻挡住爷爷奶奶对他的百般呵护。可是，一个从小没有受过磨难的孩子，一旦离开大人的照顾，又怎能经受得住波折和苦难呢？

为此，小雨老师开始寻找契机。

王昭雨上五年级的时候，小雨老师听说在石家庄有一个少年炮校夏令营，尽管听说孩子在那里要经受很多磨砺，可还是"义无反顾"地把儿子送到了夏令营。

不心疼孩子那是不可能的，可小雨老师认为真正爱孩子，不是让他去享受多少生活之福，而是要让他在磨砺中更好地成长。

十天之后，小雨老师从少年炮校夏令营接回儿子的时候，看到他的脸晒黑了不少，人也瘦了一些，就询问儿子在军营训练的感受。

王昭雨说简直苦不堪言！每天和士兵一样紧张地训练，早晨6点就要起床到操场上跑步，结束之后快速地吃完早饭后再进行训练。问及吃什么饭时，王昭雨说早饭就只喝碗粥和吃点咸菜，午饭顿顿吃清一色的馒头和炒白菜。小雨老师问他每顿饭有没有肉时，王昭雨说连个油腥都很难见到。

王昭雨平时在家不喜欢吃白菜，到了少年炮校夏令营偏偏午饭又只吃炒白菜，所以小雨老师就问他："那你怎么办呢？"

王昭雨说："第一天一口没吃，第二天尝了几口。可到了第三天如果再不吃的话，就有点儿饿得受不了了，只好硬着头皮往下咽，结果感觉白菜也并不是不能吃。到后来就开始狼吞虎咽地吃起来，甚至觉得还不错呢！"

小雨老师听后暗自叫好，没想到短短十天时间就改变了孩子挑食的不良习惯。

王昭雨在家里有自己的房间，舒服而安静，可是在军营里就迥然不同了，几十个孩子在一个屋子里睡上下铺。当时正值盛夏时节，房间里没有空调，睡眠质量之差可想而知。为此，他和几个伙伴曾密谋出逃，可"侦察"再三，才发现那绝对是痴心妄想，只好横下心在少年炮校夏令营里继续忍受着煎熬。

在王昭雨到军营之前，小雨老师也曾想到军营里条件比较艰苦，只是没想到会苦到如此程度。来少年炮校夏令营之前，小雨老师给了儿子20元钱，让他在迫不得已的时候到小卖部去买点食品改善一下生活。

可让他怎么也没有想到，儿子竟然分文未花，将20元钱完璧归赵。

小雨老师问儿子："是不是没有可买的东西啊？"

王昭雨说："有啊。"

"那你的小伙伴们买了吗？"

"买了。"

"买的什么？"

"天太热了，都买的雪糕。"

小雨老师不解地问："你的小伙伴们吃雪糕的时候，你难道一点儿也不馋吗？"

"当然馋了。"

"那你怎么忍得住呢？"

"这个时候，我就紧紧咬着我的手指头，即使再馋，也没办法吃了。"

小雨老师感到很不理解，在家里的时候，儿子但凡要吃哪样东西，父母有时根本没法管住，现在独自一人在外，又"大权在握"，为何没有吃呢？

王昭雨说："如果在那里吃坏了肚子，谁来管我？"

小雨老师的心里不由得一颤，随即欣慰之情又油然而生。因为他发现儿子有了很强的自制力，而根据教育学和心理学研究发现，具有自控力的孩子更可能取得优异的成绩。何止学习，孩子具备了自控力时，也会让自己在其他方面变得自律甚至强大起来。

可是平时，在父母、爷爷奶奶和姑姑的疼爱下，王昭雨生活得何其舒适，谁又舍得让他受这么大的罪呢？

而这次少年炮校夏令营给了王昭雨经受苦难的机会，他不仅因此磨炼了意志，还由此收获了更大的回报。而且这种回报不只是当下，在他以后的学习和生活中依然在延续。尤其是到了衡水中学之后，小雨老师担心儿子会不适应那里紧张的学习与生活节奏，甚至害怕他身心出现问题。可是，入学一周之后，小雨老师向班主任问及儿子情况时，班主任的回复却让他惊喜不已："你的孩子太优秀了！他是一个责任心强、自律性强、自理能力强的好孩子！"

其实，让小雨老师感到惊喜的还不止于此。2018年6月2日，他们父子应邀到徐州新沂为家长们做报告的时候，小雨老师也谈到了这个故事。而后父子俩同台时，让小雨老师始料不及的是，儿子说要补充几句："现在回想起参加少年炮校夏令营这件事，虽然很苦很苦，但对我的影响却很大很大，甚至将会影响我的一生。"是的，升入六年级后，王昭雨的学习成绩突飞猛进，小学毕业的时候，已经跃居全校前十名。

王昭雨说，那么难那么苦我都能经受得住，还有什么事做不好

小雨老师与儿子王昭雨同台做报告

呢？让学习好起来更算不了什么了。由此，王昭雨经常对自己说，我
要证明自己，没有过不去的火焰山。这种积极的心理，到了初中、高
中、大学以至读博时，非但没有消减，反而有了持续上升的趋势。正
因如此，他才取得了一个又一个一般人很难取得的突出成绩。

　　小雨老师欣慰地说，现在已经工作的儿子早已让他一百个放心，
而且他相信，儿子未来的发展前景会更美、更好。

用经典文化点亮生命的前程

——王辉湘用经典名著教育女儿，使其成为非凡人才

王辉湘

"老咪"的父亲，网名"青岫先生"。1957年11月出生于山东滕州。18岁参军当兵，在部队待了20年。当过战士、新闻干事、军事法院法官、部队报社编辑、文化部门干事等。1995年从部队转业至青岛电视台工作。

从女儿出生以来，他一直陪同女儿读书学习，谈天说地，培养了女儿热爱读书、喜欢思考、善于表达的好习惯，使女儿成为一个品学兼优的好学生。

其由漓江出版社出版的著作《让童年发生奇迹——一个天才少女父亲的教育》在广大家长中引起了强烈的反响。

王子娇

　　本名王筱菲，曾用笔名"老咪"。青年学者、作家、品牌文化赋能专家。幼承家学，读经研易。少年时游学英美八载。获得英国伦敦皇家大学传媒艺术学士学位与伦敦政治经济学院人类学硕士学位。曾访学于加利福尼亚大学尔湾分校，师从美国三院院士、跨学科大师弗朗西斯科·阿亚拉教授研究玛雅文化。回国后，于西安交通大学攻读哲学博士，研究领域为先秦哲学，出版有《易经初解》等个人专著六本。是世界著名哲学家、易学泰斗成中英先生的弟子。现任碧悦星泽（北京）生物医药科技有限公司创始人兼CBO，并受聘为中优协易学启蒙专委会执行主委。

　　笔者在王辉湘的女儿王筱菲上小学的时候就对她进行过采访与报道，而且习惯于叫她的笔名老咪。所以，笔者在本文中写到她的时候，一律称之为"老咪"。

　　但凡听过老咪演讲和读过她的作品者，无不为其诗意沛然而又富有哲理的语言所折服。笔者在采访老咪的爸爸王辉湘时，发现了老咪如此优秀的原因：老咪独具的天赋离不开她的爸爸特有的教育。

囿于篇幅，笔者只就老咪小时候王辉湘如何引领她步入高层次之书的诵读略做述说，以飨读者。

王辉湘认为，宇宙浩渺无边，而人的生命却是有限的。在有限的人生中，要让老咪读到世界上高层次的书。即便在老咪还不会说话的时候，王辉湘给老咪所读之书也不是一般孩子常读的通俗的小人书，除中外著名童话外，便是伟大诗人的精品诗集，以及哲学家、文学家、科学家的经典之作。虽然老咪未必全能听懂，但她为之神往、为之痴迷。王辉湘的高层次定位，为以后老咪的高层次读书奠定了基础。所以，在老咪具有了一定的读书水平后，王辉湘便与她共同探索哲学的深邃、文学的美妙与科学的奥秘。王辉湘读书时，老咪的目光便随着他的读书声在书上移动并辨认着各种文字，还在心里品味着书中的要义。令王辉湘大为惊奇的是，老咪竟在他的领读中，迅速地识记了许许多多的字，甚至一些繁体字，她也知其读音与含义。与此同时，王辉湘有意与老咪讨论读书的感受，老咪竟娓娓道来，而且不乏精彩之语。

这时候，王辉湘开始教老咪读书的方法。他说："不动笔墨不读书，这是读书人的座右铭。"读书之前，要先将红蓝铅笔、钢笔、本子准备齐全；读书时，对书中警语妙句用红蓝铅笔做标记，并将自己的点滴感受写在书上，同时，分门别类地做好读书笔记。老咪心领神会，不仅"不动笔墨不读书"，而且所写皆有自己的见解与个性。老咪甚至还"胆大包天"地将大师们的名著批得"体无完肤"，而且不乏自己的真知灼见。

老咪的读书笔记是一道绚丽的风景，也是一笔宝贵的精神财富。因为这其中融进了她的思考，打破了传统读书笔记的写法，挥洒自如，不拘一格，颇具"横看成岭侧成峰"之美。比如，老咪看了1775年歌德写的小诗《湖上》最后四句"晓风翼覆了/影阴着的湾/湖中影映着/成熟中的果"，便非常赞赏，她写道："'影阴着的湾''成熟中的果'是何等新鲜的诗句，多么流畅的情思！歌德培植了广阔无边的诗的纯净田野。"尽管所写寥寥数语，但可看出老咪高品位的欣赏水平与清丽的语言风格。她评价歌德时说："歌德丰富的一生，因承受了上天太丰富的赠予，而拥有太丰富的灿烂，从而聚集成太丰富的伟大。正如赫尔德所说的那样，他在每一个生活进程中都是一个男子。拉步陀与克乃勃尔称他是一位英雄，铁石心肠的拿破仑也不得不喊出：'这是一个人！'"从这不长的评说中足以看出她知识面之广，思考问题之深刻，以及用词之精美。再比如她看了《曾国藩家书》之后写的一篇笔记："曾国藩祖父梦蛇藩生。咪生也有异，呱呱坠地之时，即与死神纠缠半月。人曰'大难不死，必有后福'，咪闻此语皆一笑了之。今读曾国藩，实感快乐非常，侠气虹流。书上曰："梦龙，天子相；梦蛇，一品相。'奇人必有奇兆。然转念一思，至人无己，神人无功，圣人无名，又将快乐一把挥去。见窗外花态柳情，只愿茫茫今古，积成感慨于胸中。"这篇读书笔记不仅结合自身经历抒发了感慨，还引用了老子的名言哲句，突兀转合，很见大家风范。

老咪读自然科学之书，也读名著与哲学之书。6岁时，她将《千家诗》一首一首地背，钱钟书注释的《宋诗选注》她也一首一首地看，而且在繁体字上都注上了简体字。7岁时，她又细读了800多页的《辞海》。后来又读《唐诗三百首》《全宋词》《近三百年名家词选》《山头火俳句集》《尼采诗选》《浮士德》《歌德诗选》《叶赛宁诗选》《普希金诗选》《雪莱诗选》《李白全集》《杜甫全集》等中外诗词。同时，她还读《红楼梦》《三国演义》《水浒传》《莎士比亚全集》《故都》《雪国》《老人与海》等中外小说，以及《管锥编》《随园诗话》《文心雕龙》《艺海一勺》《艺林散叶荟编》《诗韵新编》等谈艺类作品；《人类在自然界中的位置》《趣味物理学》《趣味生物学》等自然科学类书，也令老咪如痴如醉；至于《周易》《梅花易数》《生活智慧》《希腊悲剧时代的哲学》《查拉斯图拉如是说》等哲学类书，更令她心驰神往。

　　王辉湘认为，读书是一种汲取信息、丰富知识的益智历程，也是一种审美体验与哲学思辨的精神活动，甚至是在原有知识载体上再创造的创新过程。所以，他经常与老咪一道经历与感受这一过程的美好，并以口头语言的形式表述彼此的认知与见地。这种丰富而有趣的谈论无时无刻不在构成一道美丽的风景线。无论是落花缤纷的英雄山脚下，还是惊涛拍岸的青岛海滨；无论是与猫咪共同悠闲漫步于门外的小园中，还是全家人其乐融融的饭桌上，父女二人都是将所读之书作为审视主体，热情洋溢地侃侃而谈。

　　王辉湘惊奇地发现，老咪犹如一块偌大的海绵迅速而又贪婪地吮吸着知识的甘露，警语妙句层出不穷，奇谈哲语峰回路转，更见出她已进入书的深层境界并迸发出奇特的创造力。欣喜与愉悦在王辉湘的心田荡漾，同女儿感情和语言的交流也与日俱增。老咪则因爸爸的热情参与，激发起对语言与心理交流的莫大兴趣，所谈似滔滔之水，灵感也滚滚而来。所以，老咪的每一番议论都是知识性、逻辑性、哲理性、情趣性和创造性的高度和谐，都是一篇篇闪光的口头创作的读书笔记。

　　王辉湘看到女儿的进步内心激动不已，感受着"弟子不必不如师"的内蕴，也用精彩而又不失分寸的评论对老咪进行褒扬。老咪在爸爸的肯定下又增添了自信。这种富有文化内涵又幸福愉快的谈论，使老咪渐渐练就了出口成章、下笔成文的才能。心灵的清丽与思维的活跃，和着知识的增多、智慧的开启，将老咪推向了一个富有艺术品位的境界。

王辉湘还认为，读书是一种艺术享受，没有任何的功利目的；老咪同样认为读书是一种高品位的愉悦方式，甚至是一种玩乐方式。所以，王辉湘与老咪在读书时有一份恬静淡泊的心境和祈求解读人心灵的美的意念。当读一本书读累了的时候，他们马上将这本书放下，另换其他书再读。其他书也读累的时候，他们就抱起猫来玩玩，或演一演木偶戏，吹一吹笛子；有时则站在阳台上远观岛城美景，心游天外，美在心间。王辉湘与老咪一致认为，读书与玩有其内在的联系，保持心理愉快至关重要。孔子在《系辞》上加批《周易》说："君子居则观其象而玩其辞，动则观其变而玩其占。"《周易》这么一部伟大的著作，孔老夫子为什么非在上面加个"玩"字呢？于是，父女二人便在这个"玩"字上研讨了好长时间，认为这个"玩"字不是马马虎虎，是一种学习态度、治学方法。这种"玩"不是一般孩子那样随心所欲地玩，而是对入乎其内、乐而忘返的读书入境的深层解读。

王辉湘有时也带着老咪外出游玩，但外出时总忘不了带几本书，因为他们认为读书与游玩是一体的。他们到海滨去玩时，老咪会带一把小铲、一个小篮，以便到海滨上铲沙、装沙，一个小女孩应有的活泼烂漫便显露出来。与此同时，小篮旁边还放着两本高深莫测的哲学书。玩一会儿沙子之后，父女二人便会坐在沙滩上，各自翻开一本书，步入哲学的王国里。这时候，小女孩的天真不见了，与哲人交流的深邃又呈示出来。

老咪对哲学情有独钟，她还特意创造了富有情调的"哲学小屋"。她将许许多多的布娃娃按中外著名哲学家的名字编上序号，如泰勒斯、阿那克西曼德、芝诺、赫拉克利特、亚里士多德、柏拉图、孔子、老子、庄子等，并与其对话，有时还展开一定的争论。在老咪看来，这不是一个个布娃娃，而是一位又一位闪烁着智慧之光的有灵性的大哲学家。她可以从他们那里汲取智慧，也可以用自己的智慧与他们交流。所以，在与他们对话之时，她深入其中，哲语迭出，其乐无穷。

王辉湘与老咪一块儿读书时发现，老咪超常的智慧越来越显现出来。王辉湘的经验尽管丰富，读书面也相当广，但他没有老咪特殊的感悟力，对书的内容的理解也难以达到老咪的高度与深度。老咪明显地超越了她的爸爸，这令王辉湘既惊讶又兴奋。

老咪的知识越来越丰富，智慧也日渐增多，但她并不满足。王辉湘也不满足，他告诉老咪，知识与智慧犹如一个圆，掌握的知识与具备的智慧越多，这个圆便越大，而圆外的未知部分也就越大。宇宙廓大无边，浩浩渺渺，人类在宇宙面前显得格外渺小，而人类还有什么值得骄傲的呢？人类对知识的学习与未知的探索，是永远达不到宇宙那样无边无垠的。所以，学无止境，智慧也无止境，人们应当永远向未知的世界进军。

引领盲儿子走向光明之路的"中国母亲"

——沙彦华将孩子培养成卓越人才的艰难历程

沙彦华

18~28岁时作为知识分子"上山下乡"于吉林省洮儿河农场。28~32岁时在长春市百货公司任现金出纳员。32~35岁时在长春市服装研究所工作，其间在职攻读大专，学习服装设计。学习结业后，开了自己的服装店，声誉颇佳。1997年至2010年陪儿子孙岩在北京学习。曾于1995年在北京召开的第四届世界妇女大会上荣获"中国母亲"称号。

孙岩

3岁学琴，6岁开始登台演出。1993年、1997年、2001年连续三次获得残疾人艺术调演一等奖；1994年在北京工人体育场演奏钢琴协奏曲《黄河》；1995年获得"第四届全国十佳少先队员"称号；1996年获得"中国百名好儿童"称号；1999年被评为"跨世纪杰出英才"，同年应邀赴中国台湾参加"视障音乐周"，并举办音乐会；2002年与美国著名指挥家莫里斯·佩瑞斯先生和深圳交响乐团成功合作；2003年被评为"全国自强模范"；2004年与指挥家杨力和天津交响乐团举办第一场个人独奏音乐会，同年应邀担任"安徒生200周年诞辰亲善大使"；2005年获得日本横滨第一届国际残疾人钢琴比赛金奖。自2002年以来，已在20多个国家演奏百余场，所到之处，反响强烈。

于小学、初中阶段都在健全孩子就读的一般学校上学；后又考取中央音乐学院附中学习钢琴专业；2003年升入中央音乐学院，后被保送为该校2007级研究生。

联合国第四届妇女代表大会录制的20集大型系列片《中国母亲》在中央与各省市电视台播放后引起了很大反响。这20位母亲的事迹凝聚了中华民族母亲的善良与崇高，表现了她们的平凡与伟大；这些故事漂洋过海，从中国走向世界各地。其中有关第四届全国十佳少先队员孙岩的妈妈沙彦华的报道，尤为让人震撼。

笔者有幸在"全国十佳少年齐鲁行"中与沙彦华女士和孙岩相处了十来天时间，听沙彦华女士叙谈了孙岩极不寻常的人生经历，以及她为人父母的拳拳之心。作为一位母亲，沙彦华女士深爱着孙岩，并呕心沥血地培养儿子走上了成人成才之路。

为此，笔者与沙彦华女士就其如何培养孙岩进行了一场面对面的交流。

一、正常生活

陶继新：在与孙岩相处的十多天里，我感到十分惊奇。孙岩虽然双目失明，但全然没有一般盲人的盲相。他英俊的脸上戴着一副墨镜，显得格外潇洒。他昂首挺胸地行走，是那样从容自如。每到一地住下，只需两三分钟，他便将房间里的各种设施以及同行人员房间的位置了然于心。他不需任何人指点、帮助，就可以轻轻松松地寻到他要去的地方、他要找的东西。无论是参观访问、游览胜景，还是到我家做客时，只要旁人稍做扶持与点拨，他便似心明眼亮的正常人一般明明白白。沙老师，这种奇迹不会是先天就有的吧？

沙彦华：当然不是先天就有的。孙岩刚开始学走路时，他的两只胳膊总是伸出去，担心前面有障碍物。走路时，他脚尖往里，总是走内八字，非常难看，远不是现在这个样子。于是我便告诉他："你要学正常人那样走路，你能像正常人那样走路！正常人走路时两只手放在下面，两条胳膊自然而然地摆动。你也要这样。"同时，我用手把着他的两只脚，教他像正常人那样摆正了走。之后他便反反复复地练习，一点一点地进步，最终取得了成功。

陶继新：我想，您在帮助孙岩学走路的过程中，也在刻意帮助他"练心"。您不仅教会了他走路，而且给了他一种勇气，一种不怕困难的品格，一种必胜的信念。

沙彦华：您说得很有道理。孙岩刚学走路时，不免有畏难情绪。但我鼓励他大胆地往前走，告诉他磕着碰着没什么，不付出努力，不经历失败，是永远品尝不到胜利的甘甜的。孙岩听懂了我话里的意思，也练就了知难而进的品格。每逢磕着、碰着或者摔倒时，我还没来得及安慰他，他早已笑着说："没事，没事，不交学费是学不会的。咱们重新来。"这时候我总是好心疼，好激动，也好欣慰。我知道，我的孩子孙岩已经向我交了一份非常优秀的答卷。

陶继新：这份答卷的确令您满意。他扫除了一般盲人的心理屏障，具备了不依赖别人、凡事自己做的良好心态。孙岩可以学好走路，就也可以做好其他事情。

沙彦华：事实确是如此。小学阶段，他就可以像正常人那样做好各种事情。我家住六楼，和学校隔着两条胡同、一段闹市，学校的教室又是在三楼，他却可以自己顺顺当当地走完这段路程。开大队会时，要到剧场去。从学校到剧场要走40分钟，孙岩从来不让我们接送，他和同学们一块儿去，一块儿回来。他主演话剧《假如给我三天光明》时，排演的地方离我家很远，路上要倒几次车，排练又十分辛苦。其他是正常孩子的小演员还要家长接送，而孙岩始终是一个人去，一个人回来。

陶继新：他凭信心、凭记忆、凭耳朵去感知世上那些他未见的万事万物。同时，他又凭美好的心灵、超人的勇气去触碰这些事物。所以，他身上便有了动人的故事、美好的结果。

沙彦华：我们也觉得他的日常行为很美。红领巾、手帕、袜子一类的小东西，他总是自己洗。他和姥姥住一个房间，他每天都要摸索着给姥姥铺被子，准备洗脚水。他因此弄翻过脸盆，打碎过杯碗，划破过手指。我和他爸爸常常劝他："别干了，这些活用不着你干。"可他总是认为，只要自己能干的事情就一定要自己干，并且一定要把它干好。小时候我曾多次对他说："父母不可能陪伴你一辈子，只要能自己干的事情，你就一定要自己干，从而学会终生受用的多种本事。"现在，不是我们在劝他，而是他在反问我们了："总不干，以后咋办？"看着他那认真做事的样子、充满乐观的精神，泪水总会不自觉地从我的眼角滚落下来。

二、优质表达

陶继新：孙岩不仅行动力强，而且口头表达能力极强。不管是平时与人交谈，还是面对我各种各样的提问，他都能够应付自如，妙语迭出。他所具备的这种能力，即便是身体健全的孩子也难以企及。请问沙老师，孙岩的这种口头表达能力是怎样练成的呢？

沙彦华：首先是充分信任他。我不把他当作一个不懂事的孩子，而是当作一个大人看待；不把他当作一个残疾人，而是当作一个健全人看待。基于这种思考，我有意将他送入正常孩子上的幼儿园、小学、中学里，而不是让其上盲校。他也表现得很突出，在小学便担任班干部，在中学又任班主席，平时会帮助老师处理问题，与同学交流思想，这些都离不开他的口头表达能力。

陶继新：您的这种安排与思考超越常规，为提升孙岩的口头表达能力创造了一个良好的环境。孙岩从小便与正常孩子朝夕相处，而这些孩子大都见多识广，他们将所见所闻传递给孙岩，无形之中，孙岩增长了知识，开阔了眼界，也丰富了语言。他在担任班干部的过程中，要与不同性别、不同性格的学生广泛接触，并去处理繁杂的班内事务，这便为他的"说"提供了一个广阔的舞台，为后来他良好的口头表达能力的形成奠定了坚实的基础。

沙彦华：正是有了这样的基础，孙岩在走向社会时才显得比较从容。由于他钢琴演奏有了一定水平，而又获得了第四届全国十佳少先队员等许多荣誉称号，他在社会上有了一定的名气，他参加的社会活动也越来越多。他从长春市走向吉林省，又从吉林省走向全国，其中一年内就曾六次赴京，而且活动的场面较大，接触的人也格外多。报告要说话，演出要说话，回答记者问题要说话，与各个方面的人交谈要说话。所说的话有的可以提前准备，有的却要在毫无准备的情况下进行。这就要求他思维要敏捷，表述要清晰，内容要得体。正是在这么一个大环境里，他的口头表达能力得到了锻炼，也逐渐向着较高水平迈进。

陶继新：这是一种良性循环。孙岩愈是能够驾轻就熟地回答多种问题，内心就愈是充满了自信。所以，广泛地接触社会与频繁地回答问题的过程，也是他从容、愉悦地提高口头表达能力的过程。我听过孙岩的七场报告，场场精彩，而场场内容又各有不同。其实，他完全可以重复报告的内容，因为七场报告面对的是七个不同地方的听众。但他自己愿意求新，有意调整报告的内容，乐于即兴发挥，所以每场报告我听后都有新感觉、新收获。在会场上、在学校里、在齐鲁晚报、在孔繁森纪念馆，他回答了许许多多的问题，而且都回答得恰到好处，有时还不乏深度与新意。他机敏的应变能力常令我感叹不已。这除了学校与社会语言环境的影响之外，还有没有其他因素的渗透呢？

沙彦华： 还有就是他与正常人交流的主要媒介是口头语言。他不能把盲文拿给大家看，只好用口头语言来倾吐心声。由于交流的机会又特别多，所以他对语言的艺术情有独钟。每晚17时50分到18时10分的省台电视评书节目，他每场必听，而且听得全神贯注。他还特别喜欢听广播上的直播节目，因为有群众参与，要求播音员头脑要灵活，反应要迅速，即便出了错，也要随即纠正。他经常听这样的节目，我想这对他口头表达能力的提高与应变能力的增强也许可以起到一定的作用吧。

三、坚韧不拔

陶继新： 由此看来，学校、家庭、社会这些语言环境影响了孙岩，但我还感受到了孙岩的主体作用、能动作用。反过来，身体健全的孩子，包括我们成年人，也身处这些语言环境之中，却少有孙岩那种良好的口头表达能力。我总觉得孙岩身上有一种拼搏奋进的执着精神，我称之为"孙岩精神"。这种精神使他在许多领域里不断奋斗,最终获得成功。比如说,孙岩5岁的时候,每次弹琴要弹300遍,他让外婆摆上300根火柴,弹完一遍,拿走一根,直到将300根火柴拿完为止。一首曲子弹300遍,需要好几个小时,衣服被汗水湿透了,手上起了血泡,他全然不顾。我非常想知道"孙岩精神"是怎么形成的,特别是家庭在这方面所起的作用。

沙彦华:首先是让他知道一个严酷的现实:他双目失明,做苦工不行,当工程师、教师也不大可能。如果他不付出巨大的努力,没有一技之长,生活的前方便是一片黑暗。这样的话,他的外婆跟他讲,我和他的爸爸也跟他讲,而且是经常讲。天长日久,这些话便潜移默化地根植在他的心里。于是他便为寻找光明而奋争,他十分喜欢《爱拼才会赢》这首歌,他常讲:"三分靠天,七分靠人""有享不了的福,没有受不了的苦"。困苦与他结伴,艰难与他结伴;同时,收获与胜利也与他结伴。

陶继新:孙岩在潍坊给我讲过莫扎特的故事。他说,举世闻名的大音乐家莫扎特的生活环境极其恶劣,他有98%的时间是在马背上度过的,32岁便英年早逝。但他以罕有的坚韧与拼搏,奋然挺进辉煌的艺术殿堂。而现在,我们的生活环境多么好啊,如果不奋发努力,成就不了什么事业,真是愧对家长、老师和这个伟大的时代。当时听了孙岩这段充满真情的话语，我激动了好一阵子。那时，孙岩仅仅15岁，就已经在认认真真地思考这一古老而又现代的命题了，并为此付诸行动，的确难能可贵。所以，现在的孩子应当多读"生于忧患"的故事，为美好的理想而刻苦努力！

沙彦华：其实，多让孩子吃点苦、受点累，不是害孩子，相反，是关心、爱护孩子。我们可以为他买最优质的钢琴，但在生活上绝对要让他养成勤俭的作风。孙岩到钢琴老师那里去学琴，路途很远，尽管我们家庭经济条件较好，完全可以让他坐出租车去，但我们选择让他挤公共汽车。学校外出活动时，孙岩只带点开水，不吃任何零食，不要一分一文。他的盲文纸，正面写了反面写；书包旧了缝缝补补继续用。他将参加活动时领的新书包全部送给了同学。他说，这样可以鼓励他们好好学习，比自己用更有意义。

陶继新：沙老师，您不仅着意培养孙岩承受艰难困苦的能力，也在着意培养孙岩勤俭善良的美好品德。中华民族的传统美德是一座丰富的精神宝库，亟须我们发扬光大。孙岩由于双目失明，在学习、生活等方面一定遇到过不少难以想象的困难，精神上也一定承受过常人难以想象的压力。请您举一两个具体的例子，谈谈这方面的问题好吗？

沙彦华：这种实例当然不少。比如，孙岩刚上幼儿园时，有的孩子不懂事，喊他"小盲人"。他听到后非常痛苦，回到家委屈地哭了，说别人骂他。这时我便十分平静地问他："你能像他们那样看到东西吗？""不能。"孙岩小声而又肯定地说。于是，我便从心理上给他解除负担："他们说你是盲人，这是事实，不是骂你。以后还会有人这样叫你，你不要为此感到难受。再说小孩子不懂事，他们并不是有意伤害你的，你要谅解他们，不要把这件事放在心上。"孙岩接受了这个事实，再也没有因此痛苦过，而且能够比较从容地应对类似的精神压力。

陶继新：我非常赞赏您的这一处理方式。如果您为此去找老师，去找那些孩子或他们的家长，不仅激化了矛盾，而且以后孙岩再遇到类似的问题时，依然会感到痛苦，要不断地找您去解决矛盾，并由此形成一种敌视情绪与心理压力。您如此正确的引导，可以让孙岩形成在压力之下泰然处之的人格，这对孙岩以后的发展能起到不小的作用。

沙彦华：后来他也遇到过不少压力，但他都默默地承受着，努力地前进着，表现出少有的沉着与坚毅，特别是在他上小学的时候就展现出超越常人的抗压能力。由于当时他上的是正常孩子上的学校，而且是一所教学质量非常好的小学，所以其他学生的家长误认为孙岩是靠关系进来的。他们担心孙岩的进班会影响自己孩子的学习，便联合起来抵制孙岩上学。那一段时间，我整天提心吊胆，怕孙岩被逐出学校，怕有人因此欺负孙岩，眼里和心里都在流泪。可是孙岩却坚定地对我说："妈妈，不要怕，我能挺得住，他们的这种态度会改变的！"

陶继新：听了您的这段叙说，我真有种惊心动魄的感受，对孙岩的认识又有了很大的飞跃。我敢断言，孙岩的这种勇气，这种笑对挫折的风范，定可助他成就一番事业。这使我不由得想起一位堪称"经营之神"的日本企业家松下幸之助。有人问及他的成功秘诀时，他却打了一个耐人寻味的比喻——狮子有个怪异的习性，总是将自己亲生的小狮子推进深深的山谷，让它从困境中求生；让它一次又一次跌落谷底之后，再一步一步地爬起来，爬上去。当小狮子从深谷里爬上来之后，才会感悟到应该怎样靠自己的力量去冲击去奋进。这种近乎残忍的动物生存法则却道出了人生的真谛：雄狮的勇猛便是如此形成的，任何成大器者都有着类似的经历。您将孙岩放在这个学校里，真有点"置之死地而后生"的人生况味。孙岩能够坚强地生存下去，学习下去，便练就了雄狮般的勇猛，便可以走向成功。

沙彦华：孙岩坚持下来了，而且有了一个美好的收获。一个学期下来，他的成绩跃居全班前两名，不仅没有成为大家学习的障碍，还成了大家学习的榜样。特别是家长们，为孩子们与孙岩同班而欣慰，在教育孩子好好学习时，总要拿孙岩作例子。尤其可贵的是，孙岩从不记恨那些要把他赶出校门的学生与家长，他理解他们，也信任他们，而且与同学们都成了好朋友。在小学毕业时，长春市所有健全孩子上的初中学校都为孙岩敞开了大门，他顺利地进入长春市实验中学学习，迎接他的是热烈的欢迎与彻底的信任。

陶继新：世界著名文学家巴尔扎克说："苦难是人生的一块垫脚石，对于能干的人是一笔财富，对于弱者是万丈深渊。"孙岩是一个能干的人，苦难成了他人生的一笔巨大的财富。不管遇到什么挫折，他都可以奋力前进，转败为胜。其实，一个人如果生活上一帆风顺，经历挫折较少，往往会滋生出脆弱的心理，一旦遇到风浪，后果便不堪设想。所以，家长应适当地对孩子进行挫折教育。

四、胜而不骄

沙彦华：评选第四届全国十佳少先队员前夕，社会上的人对孙岩的呼声很高，认为孙岩已经稳操胜券。我担心评不上对孙岩打击太大，于是问孙岩："如果评不上'十佳'怎么办？"他的回答异常平静与坚定："那说明我做得还不够，继续努力嘛！"我听后十分欣慰，感到孙岩在成长，即使遇到挫折，他也决不会被击垮。

陶继新：孙岩的这一经历是他终生的幸福。不过，在胜利向他频频微笑、成功向他频频颔首的时候，也应注重对孙岩不骄不躁思想的培养。胜不骄，败不馁，才能成为百战不殆的常胜将军。

沙彦华：后来，孙岩评上了"十佳"。我在为他高兴之时，心理压力也在增大。因为一个十多岁的孩子可能承受不了那么多的荣誉与称赞。我和他爸爸对孙岩讲："你琴弹得好，评委给的分高，这其中有你的成绩，也有感情分，千万不要忘乎所以。"关于武汉"十佳"少年出走的文章，我们给他读了十几遍，分析这个"十佳"少年出走的原因，告诫孙岩不要学习这种经不起荣誉考验的人，应当珍惜"十佳"的光荣称号。荣誉只能代表过去，不能代表现在，更代表不了未来，不能有一丝一毫的骄傲。1993年，在不分年龄的第三届全国残疾人艺术会演中，孙岩获得了钢琴表演第一名的好成绩。我在别人面前掩饰不住高兴与喜悦，但在孙岩面前却并不表现出来，而是认认真真地告诉他："美国一个22岁的盲人在健全人的钢琴大赛中得了第一名，比你获得的荣誉大多了。你要不断进取，艺术是无止境的。"对于我们的这些教育，孙岩认真地听着，也认真地做着。他一点儿也没因获得的荣誉和取得的成绩而骄傲，反而对自己的要求更加严格，进步也越来越快。

陶继新：在兖州我曾与孙岩谈到他获得的荣誉。当时他给我打了个比方，他说，学习音乐要像盖楼一样，一层一层地往上盖。经过努力获得的荣誉也一样，每获得一次大的荣誉，便像盖了一层楼。他要

陶继新与思路、孙岩等"十佳"少年在泰山合影

将这座楼盖得很高很高，直到高耸入云；而现在，他还在底层徘徊，距离顶层还很远很远呢！当时听了他的这番话，我十分激动。再看看孙岩，他竟平静得似一汪波澜不惊的池水。孙岩的这份修养，与他不怕挫折、能承受得住压力的良好心态有关，也让我看到孙岩的未来充满一片光明。

沙彦华：我也有这么一种感觉。他的学习成绩一直非常稳定，100分的试卷，他能得95分以上；120分的试卷，他能得110分以上。同时，他对练琴的执着不减先前，每天早晨5点，他便用琴声唤醒我们全家。见他天天早起晚睡，我也好心疼，但想到他的前途，又格外欣慰。孙岩向我们传递出一个信息：他比以前更刻苦、更努力，他还会获得更大的成绩。特别可贵的是，他能够自己比较恰当地处理一些问题，还有着难得的奉献精神。1996年6月，我与孙岩赴北京开会，但又接到了到大连参加全国残运会的邀请函，而开学的时间也已接近。于是，他当机立断，绕道大连，举办了一场独奏音乐会。尽管每张票20元钱，但两万多人的大礼堂依然座无虚席。孙岩将演奏所得的全部收入捐献给残联，便马不停蹄地赶往长春。到长春后来不及吃饭，就急匆匆地赶往学校，正巧赶在上课之前坐在教室里。我随他同行，见他处理得如此得体，心里暗暗高兴不已。特别是在孙岩有了一定的名气之后，西欧的一些国家特邀他前去演出，都被他一一拒绝了。他说，他现在的主要任务是学习，他的琴艺还有待进一步提高。他的想法正与我们家长的想法一致。我感到，孙岩没有被胜利冲昏头脑，他在积蓄力量，向更高的目标前进。

五、乐观向上

陶继新：有了这种良好的意志品质与思想意识，孙岩的发展便有了更加广阔的前景。与此同时，孙岩那种乐观向上的精神也给我们留下了非常深刻的印象。在与孙岩相处的这十来天里，他始终面带微笑，心中充满了愉悦，期待着美好的未来。他的眼睛虽然看不到任何东西，但他的心里一片光明。

沙彦华：因为他用自己的努力证明了一个命题：健全孩子可以做到的事，残疾孩子照样可以做得到。成功来源于拼搏，拼搏的过程也是一个愉悦体验的过程。所以，孙岩在奋斗的过程中便始终沉浸在幸福之中了。

陶继新：从孙岩那里，我得到了一个启示：身体健全的人，未必是心理健康者；而身体残疾的人，未必是心理不健康者。身体健全与否我们不能选择，但心理健康却是可以经由努力实现的。希望每一个孩子，都像孙岩那样，做一个心理健康的人，做一个努力奋进的人，做一个品德高尚的人。同时，我们也希望所有的家长都能像您那样，在培养孩子的优秀品质、生存能力和奋争精神等方面尽到一个家长的责任。

超越常规的"非常"之爱

——王晶用"狠心"培养女儿"我能行"的能力

王晶

福建师范大学外国语学院院长助理、英语阅读与写作教研室教师、福建省翻译协会常务理事，曾被评为"全国优秀家长"。多次应中央电视台之邀在《当代教育》等栏目做过访谈节目，讨论挫折教育及父母与孩子的沟通等话题。2002年作为全国"更新家庭教育观念"报告团成员，在全国六省一市做巡回演讲。

近年来，王晶利用工作之余，在全国各地为家长和中小学生做报告，举办咨询活动，通过热线电话和电子邮件与广大家长进行交流，致力于更新家庭教育观念的课题研究。

黄思路

福建福州人，第四届"全国十佳少先队员"，宋庆龄奖学金获得者，入选"中国少年榜"；中国作家协会鲁迅文学院少年作家班优秀学员，曾获华东地区中学生作文大赛一等奖；钢琴十级。曾赴美国学习古典音乐，两次获美国爱斯本音乐学校全额奖学金；曾获福建省中学生英语口语电视大赛一等奖、最佳辩手奖；曾担任福建电视台《校园频道》等栏目主持人，主演电视剧《心在呼唤》；曾赴韩国参加哈佛大学亚洲与国际关系学术年会，赴美国哈佛大学参加"模拟联合国"，赴欧洲参加中国—奥地利—欧盟暑期学校。著有《十六岁到美国》和《第四节是物理课》，其中《十六岁到美国》被中国青少年新世纪读书计划评审委员会评为优秀新书，入选"新书推荐榜"。

王晶老师在家庭教育方面摸索出了一条有关孩子成长、发展的有效途径，培养出了一个"样样都学，样样都神"的"千手观音"黄思路。不管是就读小学、中学、大学、研究生期间，还是工作期间，黄思路都表现得出类拔萃，且取得了卓越的成绩。

　　黄思路如此优秀，是不是天生就聪明过人？王晶老师认为并非如此，黄思路也说自己不是天资聪颖之人。那么，她是如何做到这么卓越超群的呢？笔者通过对王晶老师的访谈，了解到王晶老师是用"狠心"培养了女儿"我能行"的能力。谁都企盼自己的孩子长大成才，听了王晶老师的教女绝招，也许可以给你一些启发和想法。

　　陶继新：王老师，思路荣获第四届全国十佳少先队员的殊荣时，您全家一定是特别激动和兴奋的吧。我想请您谈一谈刚刚得到这一消息时，您和思路的反应与感受是怎样的。

　　王晶：那是1995年10月的一天晚上，路路正在做作业，电话铃响了。我拿起听筒，听筒那边传来学校工作人员的声音："黄思路评上全国'十佳'了！""评上了！"我按捺不住心中的激动，竟像孩子一样喊了起来。路路停下手中的笔，转头问道："评上啦？"我急促而大声地喊道："是啊，你评上了！"

　　陶继新：我想，思路应该比您更高兴、更激动，您还记得思路当时的反应是怎样的吗？

　　王晶：她的反应完全出乎我的意料，我放下听筒时，她已经在继续做作业了。我当时看到后都惊呆了，不由得问她："你怎么啦？怎么一点儿反应也没有？不高兴吗？"

　　"我很担心，因为压力太大了。"她笑笑，又继续做她的作业。

我诧异地盯着她，一时竟一句话也说不出来。

陶继新：评上全国十佳少先队员，突然成了名人，她一直没骄傲吗？

王晶：到目前为止还没有。面对纷至沓来的采访，路路说："一切从零开始！"她的房门上从此多了一张纸条："宁静而致远"。然后，她将所有奖杯、证书统统锁到橱柜里，真正地从零开始了新的征程。

陶继新：一个当时年仅13岁的孩子能以如此的心态对待荣誉，是难能可贵又令人称道的。要想经受住艰难困苦的考验，需要坚毅的性格与顽强的精神；而在巨大的荣誉面前稳坐钓鱼台，小小年纪便显示出大将风范，更需要一种良好、沉稳的心态。成大才者，正是需要这种宠辱不惊、遇事冷静的品质。

王晶：老实说，我从来没考虑过如何将路路培养成什么大才，一直执着地认为，拥有美好的品质、良好的心态、生存的能力，以及与人和谐相处的本事更重要。这样，她当一个工人，便是一个顶好的工人；当一位教师，便是一个真真正正的人类灵魂工程师。

陶继新：培养孩子良好的品质、良好的心态，以及自我发展的能力，应当是家长十分关注的大问题，而有不少家长偏偏忽略了这么一个问题。据说您在这方面富有经验而且取得的成效甚大，请您举几个具体的例子，谈谈您是如何做的，好吗？

王晶：好的。记得路路3岁那年，第一次上幼儿园，她很不习惯，哭得十分厉害，老师便将她送回家。我打开门，送走老师后，并不让路路进门。她知道哭也无济于事，便敲开门对我说："妈妈送路路去幼儿园。"我还是不让步："你自己去！"因为我怕如此送去，明天她还会哭着回来。她听我说完继续哭着不肯去，我只好说："是好孩子就自己去幼儿园，路路是个乖孩子。"然后，我把门关上。她又哭了一阵子，看我始终不让步，最后便自己去了幼儿园。我清楚地记得：她头戴黄草帽，肩背小书包，用充满泪水的双眼一遍又一遍地望着我家的屋门，带着无奈的伤感，慢慢地从我家住的三楼，哭着倒退到二楼，再退到一楼，一步一回头地去了幼儿园。

陶继新：王老师，听了您的这个故事，真是让我感慨万分。我不知道您是如何下了这份狠心的，但稍加思考后，又觉得您这才是真正爱自己的孩子。孩子任性是家长娇惯出来的，而不是先天就有的。让孩子自幼知道正确与错误，知道自己错了自己改，自己的事情自己做，才能培养出良好的意志品质以及自我生存的能力。正是这来自日常生活的一点一滴、一言一行，培养了思路优秀的品质、良好的行为，以及适应各种环境的生存能力。家长真正地爱自己的孩子，就应当从孩子终生发展上去考虑，从深层方面去思考，而不应因小失大。

那种宠惯孩子的家长，看似爱孩子，其实在做着危害孩子前途的事情。父母之爱都是无私的，但不同的教育观念与教育方式将产生不同的结果。

王晶： 您说得不无道理。我本着"自己的事情自己做"的原则，让路路独立面对各种事情，结果她学会了许多本事。她还在上小学的时候，便是不舒服了自己看医生。一天中午，她赶到医院时，正赶上医生下班，她便说自己下午要上课，恳请医生给她看病。医生见她是个小学生，又是独自一个人来看病，便破例给她看了病。她取了药，背上书包，高高兴兴地去上学，心里还蛮得意的。

陶继新： 现在的学生上了中学，有的家长还不放心，必须陪着孩子去医院。比比思路，不知他们做何感想。家长如果真正地关心爱护孩子，就应该像您那样，培养孩子"我能行"的能力，而不是让孩子养成一种任何事情都依赖家长、都靠家长呵护的习惯。家长不可能跟孩子一辈子，及早地让孩子学会做自己力所能及的事才是明智之举。

王晶： 您说得很好。其实，孩子一旦树立起"我能行"的信念，甚至可以去做一些大人都觉得力所不能及的事情。记得路路上初一时，学校开运动会，她承担了去其他学校借校服和到商店买标语牌的双重任务。我家当时住在福州市的西边，买标语牌要到东边去。她先借了校服，又去买标语牌，到晚上8点多她才到家。那个标语牌有一扇门那么大，还有校服，她搬了两次才把这些全部搬到楼上，这令我们全家人都惊叹不已，真不知道她是如何用自行车把标语牌和校服运回家的。第二天，她还是不要我们帮忙，而且非常自信地说："我能弄到家，就能弄到学校里去！"我便跟在她的后面，想看看她究竟是怎样将校服和标语牌弄到学校里去的。她背上背着鼓鼓囊囊的校服，自行车后座上放着标语牌，那个标语牌犹如大海里的一张帆。她推着自行车，风一吹，她的身体便随风倾斜。她推得非常吃力，但又顽强地坚持着。刚到校门口时，她不小心摔倒了，老师让一位男生将标语牌弄到运动场，那位男生惊讶得张开了大嘴："那么大，谁能搬得过去！"当得知路路一个人把标语牌和校服弄到学校里时，大家既惊讶又佩服。

陶继新：思路完成了老师布置的任务，而且是独立又圆满地完成了任务，面对困难自己想办法去克服，没有任何依赖心理。在思路身上我们看到了美好的品德，也看到了坚强的意志。回看这种品格的形成，恐怕也是"冰冻三尺，非一日之寒"吧。

王晶：确实如此。从路路很小的时候起，我们就有意培养她的自理能力。只要她可以做好的事情，我们就让她自己做，而且要求她一定要做好，并且养成好习惯。她书包里面所有的东西都摆放得井然有序。从一年级到现在，我们一次也没有帮她整理过书包，没有帮她削过铅笔，没有帮她包过书皮，也没有帮她钉过本子。衣服的扣子掉了，书包破了，她自己拾掇一下又能用了。

陶继新：这种良好品质的形成，不论是对她的学习、生活、工作，还是对她以后的发展，都起着至关重要的作用。思路的这种"我能行"的能力，正是从这些看似不大、其实不小的生活常事中培养出来的。即便是有意培养，她也应该有做不好的时候，甚至犯错误的时候。这时候，您是如何做的？

王晶：确实有这种情况。比如，有一次路路要到学校排练，由于出门时太过匆忙，将必需的录音带忘在家里。当时，我明明知道她没

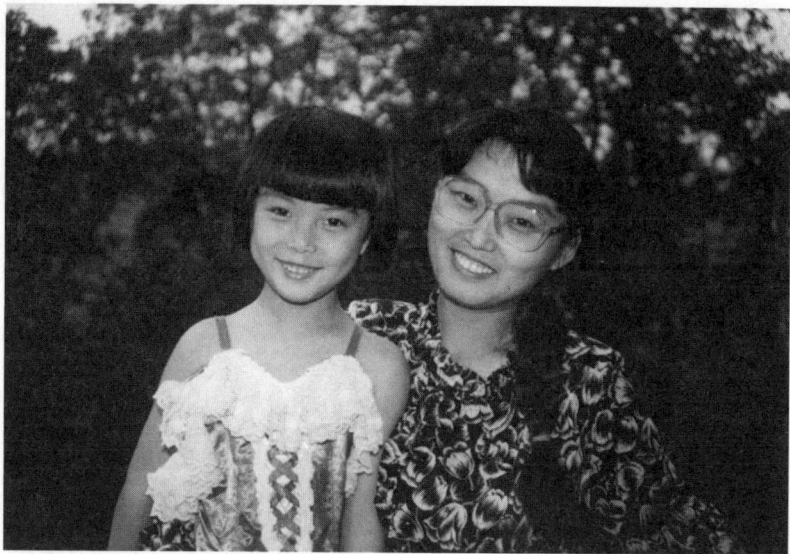

思路小时候与妈妈的合影

有带，但并没有告诉她。结果，她骑了半小时自行车快到学校时，突然想到录音带没拿，便急忙用公用电话给我打电话，求我给她送去。我毫不犹豫地告诉她："不行！你自己忘的，自己回来取。"尽管那天我没课在家，完全可以给她送去。"不行啊，妈妈，我回去取录音带就误了排练时间了。"听筒里传来路路无奈的求告。我说："你可以先到学校向老师承认错误，将你的排练时间往后调一调，然后再回家取录音带。"结果，她真的按我说的做了。此后，每次出门前，她该带的东西总是预先准备好，很少忘过应带的东西。

陶继新：这是您对她的一次有意的惩罚，而惩罚的结果却让她养成了一个良好的习惯。谁也不可能事事做得漂亮，谁也不可能不犯错误，关键是有错则改，而且是自己改，并不再犯类似的错误，这才是聪明之举。其实，一个好的家长就应当有意识地对孩子进行挫折教育，让孩子在挫折中经受风雨，提高适应各种环境的能力，逐渐走向成熟。

王晶：我就十分欣赏挫折教育，有意让路路到艰苦的环境里去锻炼。在她很小的时候，我们便带她去爬山，到山民家里吃饭，她累了也不抱她，让她自己走。我还经常带路路到中华绿荫儿童村（孤儿院）去，让她与那里的孩子同吃、同住、同学习、同生活。有一年除夕之夜，她便在那里度过了一个不眠之夜。在那里，她感受到了互相帮助与彼此爱护的美德，经受了许多在学校与家里没有经受过的艰辛，增长了不少见闻与知识，提高了生存能力，陶冶了情操，学习了本事。

陶继新：我这才明白，思路评上全国十佳少先队员时的评语为什么是"品学兼优，全面发展"。不好的品行与不良的习惯绝非先天就有的，而是家长的纵容与娇惯、社会不良风气的影响，以及自身的思想免疫力较差造成的；而美好的品德、良好的习惯的养成，除了学校与社会的教育外，家长起着举足轻重的作用。思路有了您这样一位家长，经过您这样有目的的培养后，才成了一个品学兼优、样样都行的好学生。这种家庭教育的思想观念与方式方法，对每一位家长、教师以及学生，都有着不小的启示作用。

名班主任
智慧

因材施教，对症下药

——方海东打造创新型高品质家长会品牌的探索

方海东

浙江省中学德育特级教师、正高级教师，现就职于浙江省温州市第二中学。浙江省班主任专业委员会副主任，首届长三角地区（浙、沪、苏）教科研标兵，浙江省优秀教师。曾获浙江省优质课一等奖、浙江省班主任基本功大赛一等奖、首届长三角班主任基本功大赛初中组第一名，带班经验在全国首届班主任大赛中展示交流，是温州市名班主任。出版《细节成就优秀的教师》《守候阳光》等专著。曾担任《班主任》《班主任之友》《新班主任》《中小学班主任》等杂志封面人物。

几乎所有的班主任都会定期召开家长会，可效果呈现得却不太理想。因此，提升家长会的效率与品质就成了班主任心之所向。浙江省温州市第二中学班主任方海东所"经营"的家长会，不但有别开生面之新，更有教育品质之高。

一、亲子家长会

孩子成长的快慢与好坏，与家长会不会教育孩子有着直接的关系。方老师发现，当今初中生的一些家长，并不具备教育孩子的能力。因为他们多系"75后"甚至"80后"的独生子女，自幼被家长宠大，溺爱孩子这一观念已经根深蒂固地烙印在了他们的心里，并折射到他们的言行中，所以，他们多会像他们的家长呵护自己一样来宠爱孩子。为此，就要通过家长会，想方设法改变家长们的理念，提升他们家庭教育的能力，教会他们教育孩子的具体方法。

孔子提倡在教学中要"因材施教"，这对家庭教育同样有着启示意义。为此，方老师开家长会时要求孩子和家长一起参加，由于人数的增多，开这种亲子家长会的时候，需要将地点由教室转移到一个大的会议室。

在亲子家长会上，方老师不像一般班主任那样唱独角戏，更不会将家长会开成告状会，而是由孩子们上台谈他们期待什么样的家长。

现在孩子的观念与他们家长当年上初中时的观念已经大不一样，他们希望得到家长的理解、信任，也有更强的独立意识。所以，当孩子们各自谈出自己的看法时，不少家长往往大为惊讶，甚至感到不可思议。因此，家长们的回复有的让孩子感到满意，有的则遭到孩子的反对。这个时候，方老师才"挺身而出"，进行"解围"。一方面，在大庭广众之下，不能伤了家长的尊严；另一方面，也不能让孩子感到言之无理。所以，他循循善诱地剖析他们的观点，从而让孩子尤其是家长口服心服，甚至感到眼前一亮。

方海东老师在开家长会

这种基于解决问题的亲子家长会，既有效地解决了真实存在于家庭教育之中的问题，也让家长们反思自己的教育理念与方法，从而大大提高了家庭教育的质量。

后来方老师再召开亲子家长会的时候，他欣喜地发现，孩子们提的问题越来越少，对家长的满意度越来越高，而家长们也因具备了一定的家庭教育能力，对教育孩子充满了信心。于是，亲子关系变得和谐起来，并由此影响到孩子的心理，让他们更加感受到了家庭的温馨。

二、问诊式家长会

除了和谐的亲子关系外，家长们在教育孩子方面还有不少的困惑。为此，方老师就像医生问诊一样，询问他们需要解决的问题，以便"对症下药"。于是，就有了别具一格的问诊式家长会。

问诊式家长会召开的时候，作为"患者"的家长很快便将"病情"陈述出来，而方老师这位"医生"不但医德极佳，医术更是高明，"患者"的"病症"刚一呈现出来，他即可开出"药方"，从而产生"药到病除"的效果。

由于升学的压力，初中生大都或多或少地存在一些心理压力。

对此，家长虽然看在眼里，疼在心里，可大多时候却无能为力。因为他们大多对孩子所学的学科知识已是所知甚少，以前所学的英语、物理、化学等学科知识，已经随着年龄的增长而不再"光顾"；至于那些当年上学时就对这些学科不感兴趣的家长，更是无法胜任教孩子的重任了。

方老师的女儿现在就读于他所担任班主任的班里，他既是班主任，也是家长。所以，方老师现身说法，解除了家长们的心中之"患"。

他说，对于除历史学科之外的知识，自己也知之甚少，可是他照样可以帮助女儿提高学习的效率与质量。比如，他告诉女儿要懂得"一张一弛，文武之道"之理，既要督促她节约时间、努力学习，又要保证她有充足的休息与锻炼时间，从而让她提升学习成绩的同时保持身体健康。

不过，方老师也并非不关注孩子的各学科学习，它毕竟与孩子的考试成绩有着直接关系。因此，在召开问诊式家长会的时候，方老师则将其他各个学科的老师一并请来"会诊"，给每位家长两次"就诊"的机会，让在场的学科老师进行"诊断"并开出"药方"。

问诊式家长会深受"患病"家长的欢迎，通过现场"医治"之后，"患者"逐渐"痊愈"。而家长对孩子教育的诸多问题得到解决之后，对孩子的学习和教育有了全新的认识，孩子在学习以及其他方面随后也便有了长足的长进。

三、案例研讨式家长会

改变家长的理念固然重要，而通过身边典型的案例开展访谈或沙龙形式的案例研讨式家长会，往往可以收到很好的效果。

这种家长会所研讨的问题多是普遍存在而家长又难以解决的问题，比如孩子拖延时间怎么办。在家长会现场抛出这个问题后，由不同的家长进行讲述与讨论，加之方老师恰到好处的点评，从而为家长们解疑释惑。

家长们说，只要对孩子好，我们什么都可以坚持下来。对于如此信誓旦旦而言者，其心可知，其勇亦可嘉，可是真正坚持下来者依然是"几希矣"。

方老师传授好的家庭教育方法的时候，真正坚持做下来者并不太多。比如，他要求每位家长准备一个笔记本，每天发现孩子的一个优点并逐一记录下来，开始的时候不要让孩子知道，而是在一个月之后，让孩子在不经意间发现这个笔记本上所写的内容；或者在某一天与孩子谈心的时候，将笔记本拿出来给孩子看，说这就是"爸爸妈妈眼里的你"。这一举动会让孩子特别感动，不但增进了亲子关系，孩子也会因受到父母的鼓励而努力上进。

遗憾的是，一个月后的家长会上，全班40多个孩子的家长，只有五位坚持每天记录，其余家长只是应付而已。

方老师对家长们说："如此对孩子有益的事情，你们都不能坚持，可想而知，在其他方面也未必能够坚持。家长要求孩子坚持做某事的时候，语言该是何等苍白！"

话说到这里，不少家长已经沉默地低下了头。

方老师发现，孩子出现的问题固然与其本人有关，但很多时候家长也难辞其咎。比如，家长们抱怨孩子对于好的行为或习惯不能坚持时，方老师就问他们："你们自己能坚持吗？"

这时，大多数家长默然无语。于是，方老师这个特殊的家长就谈起了自己如何陪孩子坚持跑步锻炼的故事。

众所周知，体育成绩已经纳入中考之中，可方老师的女儿在初三第一学期期末时800米跑步只跑了3分40秒，距离满分3分10秒整整差了30秒。难度之大可想而知，女儿甚至由此失去了信心。

方老师对女儿说："只要你坚持锻炼，一定能够跑出好成绩来。老爸陪你跑步怎么样？"

有了爸爸的陪跑，女儿也有了信心。

学校每天下午的跑操只有两公里，跑完后方老师陪女儿继续再跑两公里。寒假将至，父女二人制订了一个计划，开始每天跑5000米，然后慢慢增加至6000米或8000米。开学之后，方老师继续陪女儿跑步，他和女儿都因此喜欢上了跑步。在坚持跑步80多天之后，原本略胖的方老师瘦了十多斤，身体也健壮了不少。2022年4月中旬，女儿参加体育测试，800米跑步只用了3分4秒，既拿到了满分，又增强了体质。

方老师对家长们说，真正坚持陪伴孩子的家长并不太多，自古如此。《诗经》上就有"靡不有初，鲜克有终"的诗句，人们多是开始的时候很想把事情做好，可是真正坚持下来者少之又少。所以，家长们不要只抱怨孩子不能坚持，自己更要身体力行，陪着孩子坚持下去。而坚持一旦形成品质，便能由此享受到"坚持就是胜利"所带来的成功喜悦。

方老师身兼班主任和家长两个职务，在其他事情上也将坚持这种品质呈现在家长面前。带上一届的班级时，方老师每周都要给家长写一封3500字以上的信，三年时间已写了90多封，由此也解开了家长们很多难以解决的问题，也让家长们看到了方老师坚持的良好品质，有的家长还真的"学而时习之"，并取得了很好的效果。

四、家长课

所谓家长课，就是让家长到教室为孩子做报告。有的班主任也许会说，这样的家长课我们也在做啊！可方老师认为，他们所做的家长课，多在知识与专业方面，比如：某个家长是医生，班主任便请他来讲疫情之下我们该怎么办；某个家长是警察，就请他来讲怎么保护自己；某个家长是牙科医生，就请他来讲如何保护牙齿；等等。这样的家长课尽管也可以起到一定的作用，却不能让孩子感受到家长课存在的意义，也很难在他们的心里产生震撼。

而方老师的家长课只有一个主题，叫作"我努力的青春"，即由家长讲述他们在青年时代如何拼搏努力、不断进取的故事。而且讲完之后，家长还要接受孩子们的提问。

让孩子们没想到的是，自己的爸爸或者妈妈曾经经历过那么多的磨难，竟有如此拼搏进取的精神，所以每当一个家长讲完之后，都会在全班同学心里激起一番波澜，尤其是讲课家长的孩子，有着更深的感受，甚至会激动得泪流满面。有些孩子主动找到方老师说，他们从来不知道自己的爸爸或者妈妈有过如此艰难的创业史，更没有想到他们是如此优秀。而在接受孩子提问的过程中，家长也特别感动，他们终于看到了孩子眼中的那种发自内心的感动甚至崇拜。于是，孩子由于青春期而萌生出来的叛逆心理开始"褪色",家长与孩子之间不但拥有了融洽和谐的亲子关系,甚至孩子还将自己的家长视作人生的偶像。这样一来,家长再教育孩子的时候,效果之佳就可想而知了。

方老师所打造的创新型、高品质家长会已经形成品牌,不但在自己班里产生了良好的效果,而且还通过他的演讲、文章以及著作,让更多的家长与班主任受益。这不由得让笔者想起了孔子之言:"己欲立而立人,己欲达而达人。"是啊,既立己又达人的方老师,不只是在传播开家长会的经验,他的精神品质同样也闪耀出了耀眼的光芒。

走进家长和孩子的心灵世界

——钟杰构建和谐亲子关系的智慧

钟杰

深圳市光明区光明中学高级教师、深圳市首届"我最喜爱的班主任"获得者、广东省名班主任、广东省第三批名班主任工作室主持人、全国优秀教师、深圳市地方级领军人才、第五届深圳市教育创新改革大奖年度十大教育人物、广东省"百千万人才培养工程"初中名班主任实践导师、德育预设教育理念的提出者和践行者、男女生青春课程开发者。曾担任《班主任之友》《班主任》《新班主任》等杂志封面人物，被《中国教师报》《教育时报》《德育报》《南方都市报》等主流媒体特别报道。发表教育教学论文200多篇，出版教育专著近20部。

当今社会，处于青春叛逆期的初中生中出现的问题呈现出愈演愈烈之势，由此产生的诸多家庭矛盾也有持续上升的趋势。有的时候，这既成为家长甚至班主任难解的一道"方程"，也让孩子与家长在"对抗"中两败俱伤。可是，深圳市光明中学班主任钟杰却驾轻就熟地破解了这道难题。她为何会如此神通广大？笔者通过采访，破译了这个一般人看来百思不得其解的密码。

一、用表扬创设亲子关系的和谐氛围

家长表扬孩子，多会对孩子产生良好的作用，可是也有另外一种情况，由于表扬失当反而适得其反。而家长对此浑然不知，并感到不可思议。对此，钟老师给家长支招，向他们传授表扬的技巧，从而让表扬对孩子的成长产生积极的效果。

任何人都有自尊心，孩子更是如此。可有的家长并不明白这一点，在亲朋好友光临的时候，不但不表扬孩子，还夸大性地说其缺点，以显示自己谦虚的品质。结果，当亲朋好友一走，孩子便向父母提出强烈抗议，甚至大发雷霆。

为此，钟老师告诉家长们，不但要在亲朋好友面前赞扬孩子，甚至还可以略做"夸大其词"地对孩子进行表扬。比如说孩子学习非常勤奋，又特别孝顺等，让孩子在他们面前感到很有荣光。即使孩子在这方面没有家长所言的那么优秀，这样做也可给孩子一个积极的心理暗示：此后在校学习要更加努力，在家要更加孝敬父母等。

钟老师还向家长们传授了另一个技巧，就是在背后表扬孩子。家长各自向对方表扬孩子并让其作为"二传手"让孩子知晓。钟老师在这方面颇有经验，她告诉家长们："我经常在我儿子面前说，你老爸又跟我说起你来，说你几乎样样都好，简直把你吹到天上了，搞得我都有点不服气了。"孩子听着尽管觉得与实际情况有点儿出入，可心里却美滋滋的，而且更爱自己的爸爸。钟老师的先生在这方面也不甘拜下风，经常趁钟老师不在家的时候对儿子说："你在你老妈眼里样样都好，她甚至认为你是世界上最好的孩子。"于是，儿子认为妈妈最疼爱自己，最看重自己。如此一唱一和，亲子关系增进了，孩子的心情也变好了。有了好的心情，身体便会更健康，学习效率也会更高，真可谓一举多得。

钟老师进一步说，家长一定要学会经营亲子关系，营造一个温馨的家庭氛围。孩子有时在学校里遇到不愉快的事情，回到家里，心情也会因这种和谐美好的氛围而由阴转晴。

构建和谐的亲子关系，家长起着至关重要的作用。可是，出现问题的时候，未必都出在家长方面。有的时候，家长和孩子两方都有责任。所以，班主任不但要将技巧授之于家长，还要传授给孩子。

为此，钟老师经常给学生讲，你们之所以与家长发生冲突，一个重要的原因就是家长和你们所接受的教育不一样。家长在早期受教育时所形成的认知与价值观已经融入他们的血液之中，所以要想由此改变家长相当困难。再说，改变成年人比改变未成年人更难。既然如此，不如从你们的言行开始改变。相反，如果你不改变，家长就会陷入焦虑与无助之中，由此他们不是认为自己不行，而是对你失去信心，甚至感到痛苦不已。

钟老师发现，亲子之间出现问题多发生在男孩与妈妈之间。虽然在小学时期男孩非常依恋妈妈，甚至认为自己的妈妈是世界上最美、最好之人。可是上了初中进入青春期之后，男孩不但不再崇拜妈妈，甚至还想方设法地摆脱妈妈的管束。于是妈妈们就很抓狂：从小很乖的儿子现在却不再听话，有时还会顶撞自己，这究竟是怎么回事？如果这些问题得不到及时解决，就会愈演愈烈，让母子关系在相当长的一段时间里处于十分紧张的局面。

一般老师也许会对男孩们说："你的妈妈生了你、养了你，对你百般疼爱，是你的终生恩人，所以你要继续听她的话，一定要像以前那样，继续做她的乖孩子。"如此泛泛而谈的传统教育方式，往往起不到教育男孩的目的，只会让他们感到老师是在说些人云亦云的空话和套话。所以，这些话多会从他们一个耳朵里听进去，很快又会从另一个耳朵里溜走了。

钟老师则不然，她从男孩们特别关注的话题入手，问他们想不想以后谈恋爱。得到的回答非常一致："想！"钟老师又问他们以后想不想打光棍。回答更是别无二致："不想！"

话说到这里，男孩们的眼睛都放起了光，在揣摩钟老师葫芦里头卖的什么药的时候，钟老师则说了一句他们怎么想也想不到的话："但是，我想告诉你一个真相，如果你连你妈都哄不开心的话，将来谈恋爱的时候，女朋友肯定会跑掉的！"

男孩们一个个瞪大了眼睛，不知道老师为何会说出这样的话来。

于是，钟老师不慌不忙地慢慢道来："妈妈是你来到这个世界上接触最早、关系最近的女人，如果跟自己的妈妈都搞不好关系，你能跟其他女人搞好关系吗？你连生你养你的妈妈都哄不开心，有时还会把她气得翻白眼，你能把其他女人哄开心吗？肯定不行。所以，你要想以后把你所爱的女孩哄好，首先就要从哄你妈妈高兴开始。况且，哄你妈妈高兴其实很简单，只要对她说几句好听的话，为她做几件令她称心如意的事，她就会感动得热泪盈眶。如果你连自己的妈妈都哄不开心，还想哄好其他女人，只能是一厢情愿、痴心妄想了。"

男孩们一个个听得全神贯注，可钟老师说到这却戛然而止，只引得他们急不可耐地央求道："老师，那我们以后怎样做才能把妈妈哄得开心呢？"

于是，钟老师开始为他们解开这个密码："你永远要记住，妈妈都特别喜欢听好听的话，甚至有的时候你的夸奖有些过头和失真，她依然会感觉美滋滋的。既然如此，你就使劲地赞美你的妈妈，比如说她长得很美，穿的衣服好看，做的饭菜非常好吃等。"

有的同学说："我的妈妈做的饭菜非常不好吃，难道要我说假话吗？"

钟老师说："你可以换一种说法嘛，比如说妈妈做的饭菜很有特色，她也会特别高兴的。"

可有的学生又提出问题，说他的妈妈有时一气之下会把他大骂一通，骂得他无地自容，哪还有心思去哄她开心啊！

钟老师说："照样可以啊。你不妨嬉皮笑脸地说一句'母后，您骂得对啊，儿臣知错了'。这样一来，你妈妈不但不会再骂你，还会转嗔为喜，也许会说你厚脸皮，可她的心里却早已乐开了花。"

钟老师说，要而言之，就是对妈妈多说溢美之词，尤其是家中来了客人的时候，更要伺机而动，对妈妈大加赞美。这样，妈妈不但不再口出骂言，甚至认为儿子比小时候更乖巧可爱。于是，母子关系愈发和谐起来。

不过，有的男孩说："我一向嘴笨，当面夸奖妈妈的话又不好意思说，那怎么办呢？"

钟老师说："你不妨做个贺卡，写一些称赞妈妈的话，还可以通过发短信和微信，把想说的话告诉妈妈。"

钟老师告诉孩子们："要想产生更好的效果，选对时间也很重要，比如过生日的时候，就可以对妈妈说些'甜言蜜语'。不过，不要说那些老生常谈的话，而要说些与众不同又让妈妈特别高兴的话。比如这样说：'今天是我的生日，老妈，您辛苦了！特别感谢您把我带到这个世界上来，让我看到了万千风景。所以，最好吃的东西应当是您优先享用，最好的赞美也应该送给您！'听到你这么说，妈妈就会既感动又高兴，不但没有先行享受美味，还会不住地把最好吃的东西往你的碗里夹，也许还会给你发放物质或精神上的特别奖励。如此皆大欢喜之事，何乐而不为呢？不仅你的生日，还有三八妇女节、母亲节等，都不要错过夸奖妈妈的机会。"

钟老师说："你们每夸奖妈妈一次，就会让她高兴一阵子。加上日常不断'狂轰滥炸'地夸奖，妈妈在高兴的同时也会越来越喜欢你这个儿子。"

不少男孩回到家里按照钟老师传授的"秘方"予以实施，几乎无一不将妈妈哄得开开心心的，甚至他们的妈妈还到处宣扬，自己的儿子越来越懂事了，越来越和妈妈亲近了。

钟老师不但教授男孩们夸赞妈妈的技巧，还教授他们如何通过送礼物的方式让妈妈高兴。

钟老师告诉男孩们："一定要适时地送礼物给妈妈，几乎所有的女性在收到礼物的时候都特别高兴。所以，即使妈妈一时不太高兴，只要你送上礼物，她也多会由阴转晴。不但自己送，而且还要提醒爸爸送，尤其是三八妇女节、母亲节和妈妈生日的时候，更要送礼物给妈妈。"

有的男生说："我没有钱买礼物怎么办呢？"

钟老师说："妈妈看重的并非礼物贵重与否，而是你心中有没有她。无论你送什么，只要用心让妈妈感受到你的心意，妈妈都会喜欢的。"

男孩们按照钟老师提的建议去实施，于是，原来紧张的母子关系很快变得和谐起来，而且这种和谐的关系又影响到爸爸的情绪。于是，家中就多了笑声，少了责骂声。而男孩们则因有了良好的家庭氛围而心情舒畅，由此也提高了学习效率。

其实，这只是钟老师向学生传授构建和谐亲子关系方法的冰山一角，在女孩们如何有效地构建和谐亲子关系方面，钟老师同样也有独到的见解。囿于篇幅，笔者不再赘述。

不过，也许有人会提出不同意见：如此构建亲子关系，会不会太没有原则了？

钟老师则不这么认为，自古以来就有"清官难断家务事"之言。因为一家数人终日生活在一起，难免会出现这样那样的不同意见，一时发生争吵在所难免。可是，没过多久，"战争"就会烟消云散，一家人又和好如初。因为一家人之间没有根本的利害冲突，所以没必要因小失大，更不能"战火"不断。否则，受害的不只是孩子，父母也会十分痛苦。所以，钟老师不但向家长和学生面授"机密"，还开设讲座，写成文章发在微信公众号上公之于众，与大家分享她构建亲子关系的智慧。同时，她又将这些文章结集成书，从而让全国更多的班主任、家长和学生从中获得了一个又一个锦囊妙计，从而产生了始料不及的神奇效果。

二、教会家长优化孩子考试之前的心理

如果说平时亲子关系有时会出现不和谐音符的话，那么期中、期末考试期间，亲子关系往往更会出现问题。所以，每次考试之前，钟老师都要开一场家长会，以解许多家庭的燃眉之急。

钟老师对家长们说，期中、期末考试期间，学生们本来就既劳累又紧张，尤其是感觉考得不好时心情更差，而刚一到家，父母就单刀直

入地问考得如何，甚至有的家长还威胁孩子说，如果这次考得不好，就不可能得到奖励，更有甚者，还会对孩子实施某些处罚措施。这无异于在孩子原本懊恼的心里雪上加霜。孩子心中的无名之火骤然爆发，家长也多会火冒三丈，一场没有硝烟的家庭之战也便拉开了帷幕。

对此，家长多会感到自己如此关心孩子，孩子不但毫不领情，反而不通情理地反唇相讥。所以，家长在感到委屈之时，也为孩子的不懂事而感到不解甚至气愤。

为了有效地解决这一问题，钟老师适时地开设了家庭教育讲座。

钟老师对家长们说，亲子之间出现这些问题，孩子固然有不对的地方，可是根本的原因是家长不懂孩子。她让家长们设身处地地站在孩子的立场上思考问题：上午连续两场考试，已让孩子筋疲力尽，如果考得不理想，孩子既担心在班上没有面子，又害怕父母批评。如果这个时候家长还问孩子考的成绩怎样，甚至在孩子考得不好的时候继续"问责"，孩子会做何感想？

钟老师如此一讲，家长们几乎都陷入了深思之中，显然，他们已经感到此前没有理解孩子，对孩子多少有点儿愧疚之情。可是，究竟如何解决这个问题，他们还是不知。所以这个时候，他们便凝视着钟老师，期待她能尽快赐予其相应的解决方法。

于是，钟老师缓缓道来——

孩子们回到家里，家长不要去问他考得好还是不好，可以这样说："今天老妈（或老爸）专门做了你最喜欢吃的饭菜，赶紧洗手吃饭吧！"这样一来，孩子不再担心父母问及考得如何，心情也会顿时由阴转晴。再说，食物对不良情绪有一定的治愈作用，孩子不但会心情好起来，而且对家长也会增加感激之情。同时，家长可以面带微笑地对孩子说："'战斗'了一个上午，一定很累了。好好吃饭，饭后休息一下，下午继续'战斗'！"这不但会让孩子感到温馨且适然，而且还能在无形中鼓舞他（她）的士气。

如果孩子主动说自己考得不好，并恳请家长不要批评他（她）的时候，家长要自然地对孩子说："放心！这只是一次考试，而人生中要面对的考试还很多。咱一次比不上他们就比两次、三次，两次、三次不行就比三年，甚至比十年、二十年、三十年，你年龄还小，怕什么呢？我相信我的孩子以后一定能成功！"

如此一说，孩子会因家长的宽容而释然，也会因家长的信任和鼓励而感动。这样，孩子不但不再担惊受怕，而且还有可能信心百倍地面对未来。

钟老师告诉家长们，考试之前，有的孩子担心考试成绩不好而心有不安。这个时候，家长要做的就是关紧嘴巴，绝不唠叨；同时对孩子献点儿"殷勤"，问他喜欢吃什么，做些孩子喜欢吃的饭菜。家长如此做并非对孩子的考试不闻不问，相反，这是真正的关注与关心，只不过不是在考前过度关注，而是想方设法淡化考试之事，因为这个时候，即使家长心急如焚，也已经无济于事了。而让孩子吃好、休息好，有一个好心情积极面对考试，才是当务之急。

如果孩子说今天感觉考得非常理想时，家长就要高高兴兴地向孩子表示祝贺，让孩子更加开心，同时让他（她）吃过午饭后尽快休息。孩子出门的时候，家长可以满怀希望地拥抱他（她），借此给他（她）以力量。

不过，有的妈妈说："孩子都这么大了，不喜欢妈妈抱，自己也觉得有点儿不好意思啊！"

钟老师则说："是因为你没有去抱孩子，更没有形成习惯。你不是说孩子大了吗？可他们到学校却主动地求我抱他们，不是不喜欢抱啊！而且，当我拥抱学生的时候，他们便从我身上感受到一种爱，以及我赐予他们的力量。"

钟老师进一步说："孩子未曾出生的时候住在妈妈的子宫里，出生之后便在妈妈的怀抱里慢慢长大，怎么长大了就不能抱了？我班里的学生在考试之前都会主动请求我抱抱他们，我们一点儿不好意思的感觉都没有。即使有的孩子觉得被妈妈抱不好意思，可当妈妈真抱他（她）的时候，他（她）心里也一定是美滋滋的，觉得妈妈和他

（她）很近很亲。有的家长回家之后，在抱孩子的时候，孩子不但不再发火，而且还有了安全感与幸福感。"

钟老师说，家长要做的不是对于孩子的考试成绩听之任之，而是在考试成绩出来之后和孩子一起分析利弊得失。

考得好的话，告诉孩子再接再厉，并给予奖励。但钟老师对家长们说，奖励孩子的火候十分重要，最好不要在考试之前就许诺孩子奖励什么。因为如果孩子达到了家长的要求，而家长又没能兑现承诺的话，孩子会非常失落，并认为家长是不守信用之人。而考试之后再定奖励什么，尤其是奖励的物品是孩子喜欢之物，会让孩子格外兴奋，并为家长的鼓励而感到欣慰与自豪。

孩子考得不好的话，家长不但不要惩罚，反而也要奖励，不过，奖励之物未必是孩子特别希望得到的，让他（她）多少有点儿遗憾。尽管如此，孩子依然会感到安慰，觉得家长是通情达理之人。

2020年教师节，深圳市光明区教育局邀请钟杰老师为家长讲述如何教育孩子。

可是，钟老师发现，不少家长并非如此而为，而是在孩子考得好时奖励，考得不好时则施以某种惩罚。

钟老师认为这种只看结果不问过程的"奖惩分明"，不应当用到考试结果上，而应当用在学习过程中。而且在实施过程中要提前和孩子约法三章，定好规则，依规而行。如果孩子做得非常不好，则按照事先定好的规则进行适当的惩罚，这样孩子虽然会心里有点不愉快，可却自知理亏，有助于孩子更好地总结教训，做到下不为例。这样既可以让孩子在受到惩罚之后不再懈怠，还能在无形中增强孩子的规则意识。当然，如果孩子做得很好，也要按照规定及时给予奖励，以示鼓励。

钟老师认为，过程永远是美丽的。有了好的过程，才会有好的结果；即使孩子一时考得不尽人意，可只要付出了努力，以后也一定会取得好的成绩。

钟老师告诉家长们，这样做不是不关注孩子的考试成绩，而是更关注他为什么能够取得这样的考试成绩，尤其是表扬，更要关注过程。

比如，有的孩子平时学习起来十分投入，家长就可以在孩子吃饭或者睡觉之前表扬他学习专注，甚至说让自己都望尘莫及，而且还可以继续说，一个人的专注力越强，他未来的成就就越大。这样不仅会说到孩子的心坎里，还会让他此后的学习更加专注。久而久之，孩子不但可以考出好的成绩，而且还可以慢慢激发出其他的潜力。

有的孩子在考试之前主动切断网络，一心一意地投入到备考之中。孩子这样做时，家长就要好好地表扬他，可以说："现在有的孩子沉迷于网络游戏之中，以致耽误了学业，考试成绩也每况愈下。可我的孩子能主动切断网络，一定会取得好的考试成绩，还会有个更好的发展前程。"这样的表扬不仅能增加孩子的自信心，还能提高孩子的自控能力。

对于那种"你真好""你真棒"之类的表扬，钟老师认为那是适用于小学生的方法，对于初中生已经不起作用了。家长要针对具体情况做恰当的表扬，让孩子感到家长之言真实不虚，而且孩子也会因受到家长的表扬而信心倍增，并会继续努力下去。

需要补充说明的是，钟老师之所以能够巧妙地化解家长和孩子之间的矛盾，进而构建起和谐的亲子关系，除了技巧和智慧之外，还有一点也是极其重要的，那就是她既是家长和学生心目中崇拜的"女神"，又是与他们无话不谈的朋友。她充分了解他们，不管是去家访还是接受家长来访，不管是解除学生心中的困惑还是缓解家长的焦虑情绪，不管是开设讲座还是撰写文章，都能及时地了解发生在家长与孩子之中的事情，又深得他们的信任。所以，有人称钟老师是一位"雪中送炭"的智慧班主任。

改变"薄弱班"的精神面貌

——秦望组建家委会的"实战"经验

秦望

河南省济源市第一中学教科室主任、"8+1工作室"发起人、河南班主任智慧书院导师、全国名班主任工作室联盟中学部主任、高级生涯规划师。曾获河南省教师教育专家、河南省首届"十佳"班主任、河南省首届最具影响力班主任、河南省历史优质课大赛一等奖等荣誉。曾担任《河南教育》《班主任之友》《班主任》等杂志封面人物。出版《光辉岁月——我与个性一班的高三之旅》、《高中（初中、小学）系列班会课》（九卷）、《微班会创意设计与实施》、《手把手教你建设班主任工作室》、《我在俄罗斯教书》等教育著作，带领团队致力于"构建新时代中国班主任学"的理论与实践研究。

河南省济源市第一中学的秦望老师以前当班主任的时候，由于所教的学生多是学习优秀者，他不用太操心，在各个方面都取得了很好的成绩。可是后来，他在做问题学生相对集中的"薄弱班"的班主任时，以前的经验几乎毫无用处，而且还遭遇到了前所未有的棘手问题。

秦老师认为，仅凭班主任一人之力，是很难让这批孩子更好地发展起来的，于是，他想到了与家长一起合作。虽然孩子成绩不佳、存在问题，但他们的家长未必不是优秀之士。让家长参与到教育孩子中来，也许在孩子成长方面可以起到"推波助澜"的作用。于是，秦老师开始尝试组建班级家委会。

尽管秦老师不曾有过这方面的经验，但从首战告捷之后，他就一直在这方面进行有益的探索。现在，他已经成为这方面的"实战"专家，而且在全国产生了很大的影响。更为重要的是，他和家委会齐心协力，已经让很多孩子发生了可喜的变化。

一、开发班级生涯教育课程

秦老师认为，要想让家委会发挥较大的作用，可以以家委会为基础，开发班会课的课程。为此，他开发了班级"生涯教育"课程，并在班会课上付诸实施。他从来自各行各业的家长中选出代表，让他们到班里讲述各自的人生经历，他要求家长的讲述要有故事性和一定的感染力，进而达到激励孩子上进的目的。

有一位家长从来没写过文章，可是为了在班会课上给学生上课，又被秦老师逼得"无路可走"，居然在百般努力下写出了一篇3000多字的演讲稿。当然，这篇演讲稿并非一气呵成和一次成功的。秦老师不仅对演讲稿提出了修改建议，甚至在有些地方亲自"操刀"，这才让演讲稿达到了要求。

由于是讲自己的亲身经历，加上精心准备了演讲稿，所以，这位家长讲得既投入又动情。他讲自己小时候家庭条件特别困难，吃的都是粗茶淡饭，小学没有上完就辍学了，然后到南方去打工。而他在打工期间所遭遇的艰难困苦是现在的孩子们所难以想象的，可是为了生存，他必须拼命干活挣钱。当挣够报考驾照的学费时，他几乎是倾其所有去考驾照。有了驾照之后，他就做了一个货车司机的助手去跑长途运输。可是，那个司机只让他干一些又苦又累的粗活，却不允许他开车。但他一点儿也不气馁，一边辛苦地工作，一边省吃俭用地攒钱，终于积攒下一笔钱，自己买了一辆大货车，跑起了长途运输。由于他勤劳能干且人品又好，前不久他又被村民选为村主任。

这位家长做的报告非常成功，包括他的儿子在内的全班同学多次情不自禁地为他鼓掌喝彩，这令他既激动又感动。他平时在家里也曾给儿子讲过这类故事，可是儿子总是似听非听，表现出一种无所谓的态度。但这次他在班里讲的时候，儿子听得极其专注，有的时候甚至过于激动以至眼里还溢出了泪花。因为所处的环境变了，起到的效果也就大不一样了。他在家里讲时，没有其他人在场，讲得又比较随意，很难引起儿子的共鸣；可在班里讲时，全班同学都在全神贯注地听，有的时候还被感动得鼓掌与流泪，儿子自然也走进了这个特殊的情境之中，所以不但听得极其认真，有时还会不由自主地潸然泪下。

这位家长讲到最后，又一次赢来同学们热烈的掌声，他的儿子也不由得对父亲刮目相看起来。更让这位家长感到欣慰的是，从那之后，儿子不但越来越尊敬他，而且在学习上也越来越认真努力，因为他也要像父亲一样，做一位通过自己拼搏而改变人生走向的人。

还有一位家长在班会课上的报告对孩子们产生了很大的激励作用。

当地有一个亚洲最大的冶炼黄金和铅的企业叫"豫光金铅"，这位家长最初在这个企业里当保安。他是一位转业军人，文化程度不高，可他认为通过自学也可以提高自己的文化水平，所以一有空闲时间，他就投入到学习之中。真的是以文"化"人，他不但在工作中表现得非常优秀，而且在很多方面呈现出一种文化人的精神气象。现在，他已经升任为这家企业的办公室主任。

他说，学无止境，自己今后还将继续学习，让自己更有文化，并让人生更加精彩。

无疑，他的报告向同学们昭示一个真理：只有努力奋斗，才能改变自己的人生。而正处在高中学习阶段的孩子们，只有加倍努力，才能取得理想的成绩，让自己的人生变得精彩起来。

这种班会课程开设了20期，来自不同行业的20位家长的报告各有千秋，又都从不同的角度激发了学生积极上进的决心和信心，同学们之间渐渐地形成了既互相竞争又合作共赢的良好氛围。

二、组织家长学习家教知识

近年来，国家越来越重视家庭教育，有些家长虽然也或多或少地知道了家庭教育的重要性，可是，主动学习家庭教育知识者依然不是很多，有的家长虽然在网上或书上读过一两篇家庭教育方面的文章，但由此获取的家庭教育知识大多是碎片化的。

班里有了家委会之后，班主任可以更好地带领家长们学习家庭教育的相关知识，但是，对于尚未为人父母的年轻班主任来说，做起家庭教育工作来往往力不从心，而且家长们也未必服气。

秦老师虽然在家长中有着很高的威望，可他认为，如果从家长中选出一位既有热情又懂得家庭教育相关知识的家长来当学习委员，按期组织家长学习，效果也许会更加理想。

正如王阳明所说的"知者行之始，行者知之成"，秦老师的这一想法刚一萌发，他很快便从家长中选出了非常理想的学习委员。秦老师并没有由此而做"甩手掌柜"，而是和这位学习委员在"开课"之前就做出规划，分门别类地列出每周共同学习的文章和共读的家教之书。同时，秦老师不断地从网上搜集整理与家庭教育相关的文章与视频推荐给学习委员；学习委员又想方设法从不少渠道得到了一些鲜活的家庭教育素材。有的时候，秦老师和学习委员也现场开讲。由于他们讲得入情入理，所以家长们听得很认真，慢慢地，家长们对于家庭教育知识也有了相对系统的了解。

在学习委员的带领下，家长们还要进行一个月一次的交流会，分享阅读感悟。即使那些文化程度较低且阅读水平一般的家长，也因为这些分享而学到了很多的家庭教育知识。

家长们学习家庭教育知识的热情越来越高，也越来越有感受与体会。有的家长很是遗憾地说，如果以前懂得这些家庭教育知识的话，自己孩子的学习成绩也不至于这么差，表现也不会像现在这样不尽如人意。不过，也有的家长说自己的二孩有了希望，一定会让他（她）从出生之后就接受良好的家庭教育。

其实，孩子的学习和表现的优劣不仅与学校教育相关，而且与家庭教育有着密不可分的关系。所以，家校共育所产生的效果就不再是"1+1=2"，而是"1+1"远远大于2。

三、寒暑假研学旅行

家长们对家庭教育理论学习越多，就越知道如何让孩子更好地成长。于是，有的家长给秦老师提出建议："孩子在校期间几乎天天在做卷子，生活特别单调，如果说学习好的学生对此还能够忍受的话，那么学习差的孩子真是'忍无可忍'了。可否在寒暑假期间带着孩子们外出研学旅行？"

秦老师认为这个建议是很有意义的，可是带着这么一大群孩子外出研学旅行，万一出了安全问题怎么办？

家委会会长大包大揽地说："您不用担心，安全问题由我们家长负责；您负责制订策划方案就行！"

秦老师知道这位家委会会长是一位"言必信，行必果"之人，更知道研学旅行对于学生成长的意义，所以他很快就制订出一个策划方案：每个假期带着孩子去一个片区（比如东南片区以厦门为核心，华东片区以上海为核心，东北片区以哈尔滨、大连为核心，西北片区以西安为核心，西南片区以重庆、成都为核心）。

研学旅行当然要看自然景观、人文景观，同时还要走进当地的大学，并由秦老师联系当地大学的教授，或者在当地大学读书的秦老师的学生，让他们作为导游，为大家讲解。

这个策划方案家长们看后都非常满意，于是，每学期一周的研学旅行便拉开了帷幕，且收到了非常理想的效果。

一次去厦门研学旅行，原计划是去那里的一所不错的民办大学参观，可是到了厦门之后，学生们非要去厦门大学不可。秦老师知道这批学生的学习基础非常差，要想考上厦门大学是很难的。可是，当他们到了厦门大学之后，一位学生信誓旦旦地说："我一定要考上厦门大学！"秦老师当然知道这其中的难度有多大，可是他还是对这位学生大加鼓励，并说和他共同努力。这次研学之旅回来后，这位学生学习非常努力，在其他方面也表现得很好，他虽然最后没有考上厦门大学，但考上了一所二本大学。其实，就这位同学入高中时的成绩而论，考上专科大学都很难。可由于他心中有了考取厦门大学的一个美好梦想，便有了不断努力奋斗的动力。更重要的是，他的心里有厦门大学这个梦想，在升入大学之后，他还会继续努力，去奔向他的目标。

去大连研学旅行的时候，学生们去了鲁迅美术学院。其中一个女生被这所大学的氛围所吸引，决定在未来报考这所大学。秦老师认为她的这一目标很有实现的可能，一是这位女生有一定的美术基础，二是当时她才上高一，还有两年多的时间，只要努力奋斗，进步肯定会非常大。为此，秦老师与她的家长进行交流，建议让她到北京某个培训机构参加美术培训，而文化科的学习则由老师们负责。于是，这个原本比较散漫的女孩突然变得十分自律，整天有着使不完的劲。真是功夫不负有心人，高三毕业后参加高考，她如愿以偿地考上了鲁迅美术学院，这在学校引起了不小的轰动，以至学校在此后的招生中，她都成为一个对外宣传的典型。

是的，一个学习基础比较差的学生竟然可以考上鲁迅美术学院，这无异创造了一个奇迹。而这个奇迹则与研学旅行有着重要的关系，也说明济源一中有着低进高出的优势。

此后再有研学旅行的时候，有的家长竟然带着二孩或一家三口一同报名，有的学生亲戚家的孩子也走进了研学旅行的队伍之中。

那么，有的老师也许会问，在研学旅行中如何保证学生的安全？除了前面说的家长全程负责孩子的安全之外，学校还与一家很有信誉度的旅行社签订了安全协议，如果出了问题，由旅行社承担全部责任。为此，每次研学旅行，这家旅行社都派两位专业人员全程陪同。秦老师虽然不便直接前往，却安排了副班主任随队而行，且发挥了很大的作用。

如此进行四期研学旅行后，影响渐渐增大，可由于种种原因，研学旅行暂时中止。尽管还有两期没有如期举行，可在全校其他班级全都"按兵不动"的时候，秦老师任班主任的班级能够连续两年外出进行四次研学旅行，已经让人赞叹不已了。对于秦老师来说，虽然一直心存遗憾，可是，心已尽矣，学生以及家长都大为受益，也足可以释然了。

研学旅行对于孩子一生的成长都有着巨大的作用，可也存在着一定的安全隐患。不过，在条件允许的前提下，有责任心的班主任还是应当积极而为，想方设法在保障学生安全的前提下，多带领学生外出研学旅行。古时就有"读万卷书，行万里路"之说。

四、进行拓展训练

除研学旅行外，秦老师还和家长们一起组织拓展训练。

有些家长在企业上班，参加过一些拓展训练，感觉这些训练对于凝聚人心、鼓舞士气很有作用，于是他们建议秦老师带领学生开展拓展训练。这正中秦老师下怀，于是双方一拍即合，并随即商定了拓展训练的方案。在"五一"和"十一"放假期间，各拿出一天时间来开展拓展训练。虽然是自愿报名，可绝大多数学生都积极参加，并且收到了很好的效果。

平时在校期间，学生们虽然同在一个教室，有的还同住一个宿舍，可是由于学习任务在身，彼此之间的交流少之又少，所以很难建立起良好的同学关系。可拓展训练的时候就不一样了，学生们不再心系学习之事，单纯地进行游戏式的训练，心里特别轻松，而且某些项目还包含着相互交流与合作的内容。所以，虽然每次的拓展训练只有短短一天，却让学生之间变得和谐亲密起来。而有的家长也一道前往，自然与孩子的接触和交流也多了起来，在无形中又改善了亲子关系。

其实，拓展训练不只是让同学之间、亲子之间的关系变得和谐亲密起来，还在无形中释放了学生学习的压力，让他们的心里轻松起来；时间虽短，可却在他们的一生中留下了深刻的印象，甚至在其未来生命的某个节点上产生意想不到的作用。

五、成效显著和经验推广

由于家委会的组建，秦老师班级里的学生都发生了很大的变化，尤其是高考的时候，在同等水平招生的班级中，秦老师所带的班级取得了最好的成绩。

其实，这些学生刚进入学校的时候，秦老师对他们也没有太大的信心，因为整个班级的学生学习基础都很差，有些学生的学习习惯也很不理想，要想让他们"起死回生"，几乎没有希望。可是，自从组建起家委会后，秦老师与家长们齐心协力地关注与教育孩子之后，一个个意想不到的奇迹出现了。高一结束的时候，秦老师就感到整个班级的风气有了很大的改观，不少学生对未来充满了希望。高二一年，学生们又呈现出蒸蒸日上的气象。到了高三，学生们更是有一股不达目的誓不罢休的精神。尤其是高三百日冲刺的时候，学校举行了一个成人礼，班里的学生都兴奋不已地和秦老师拥抱，和家长拥抱，他们的态度热烈而真诚，让人感动不已。最后，全班学生与家长和秦老师一起合影留念，将他们之间的故事留作了永恒。

最后，家长们纷纷向秦老师表示由衷的感谢，他们说，自己的孩子因为进了这个班级，才有了不一样的人生。即使孩子考不上大学，在秦老师的教导下培养的良好习惯和品质也能让孩子受益终生。

其实，教师和家长有一个共同的心愿，就是把孩子培养成人、成才，可是单兵作战往往收不到理想的效果，甚至会顾此失彼，更为严重者还会产生家校矛盾。可自从秦老师成立家委会后，教师和家长之间则形成了一种合力，从而让家校共育思想植根于每个家长的心中。

让人更加欣慰的是，秦老师将这种行之有效的做法又进行了不断的推广。他是全国知名班主任，在其他学校邀请他去讲课的时候，他常常讲他组建家委会的做法与感悟，从而让不少班主任也"学而时习之"，且取得了很好的效果。尤其是秦老师在全国组建的班主任团队（8+1工作室），已经有十几个项目组，每个项目组又有分布在全国各地的100个老师，并由此成立了一个名为"家校合作研究"的大项目组。秦老师要求参加项目组的班主任将自己的成功经验与思考写成文章，拟出一套十多本的家校项目书系。

现在，秦老师正在撰写一本新书《家长100问》，由家长提出普遍存在又比较难以解决的问题，秦老师一一予以回答，其中有生动的案例，也有一定的家庭教育理论知识。为了解决有些班主任不会开或开不好班会的问题，他和自己的团队正在编写小学、初中和高中各一本的家长会案例。家校沟通中往往会出现很多问题，秦老师和他的团队将这些问题一一记录下来，并分门别类地进行研究，然后撰写成书，估计要有十本之多。

这样，原本由秦老师自己尝试通过家委会来教育家长和帮助孩子成长，变成了组建项目组由全体成员来做家校合作研究。这是一项宏大的工程，也是一项很有意义的研究。笔者期待秦老师这些书的出版，也相信由此会产生更大的影响，起到更大的作用。

将手机游戏变害为利

——黎志新破解家长困惑的五条策略

黎志新

广西百色高级中学语文教师、国家二级心理咨询师、广西三八红旗手、广西第一届家庭教育专家指导委员会委员。从教27年，担任20年班主任工作，出版专著《做一个智慧型班主任》和《做一个励志型的班主任》，曾担任《班主任之友》《班主任》《新班主任》等杂志的封面人物。2015年曾获《中国教育报》"推动读书十大人物"提名，2017年荣获第二届"中国家庭教育百名公益人物"称号。

学生，尤其是高中学生，一旦迷恋上玩手机，学习成绩就会下降，这几乎成了一个铁律。而这个时候，家长多会心急如焚，有的还会对孩子情绪失控，大动肝火，导致亲子关系恶化。如此一来，原来的问题不但没有解决，反而衍生出更多新问题。而广西百色高级中学班主任黎志新却用智慧轻松解决了这道难题，为焦虑不安的家长送去锦囊妙计的同时，也让学生走上正途。

黎老师班里的一个原本非常乖巧、学习成绩也很好的男孩小刚（化名），因春节期间自己用压岁钱买了一部手机，开学后学习成绩便持续下滑。小刚的妈妈因此而焦躁不安，在探寻小刚成绩下降的原因的时候，她发现儿子常在夜间玩手机游戏，有时玩到深夜仍然"乐此不疲"。小刚的妈妈一气之下把儿子痛斥一番，并将其手机没收。

原本和谐的母子关系骤然恶化，矛盾升级，小刚不但不再主动与父母交流，甚至对父母的问话都爱搭不理。刚放暑假，小刚就向父母提出强烈要求，让他们将手机交还给他，如果父母不答应，他就辍学。父母无奈，只好屈服。

手机"完璧归赵"后，小刚从早到晚在自己房间里玩游戏，父母敲他的房门，他便摆脸色，甚至暴怒起来；父母叫他吃饭，也多是"千呼万唤始出来"。匆匆吃过饭后，小刚看都不看父母一眼，便快速返回房间，继续他的游戏王国之旅。

这期间，小刚的父母几乎想尽了所有的办法，非但没能奏效，反而使亲子关系愈发紧张；小刚对手机游戏的热情不但没有下降，反而有愈陷愈深之势。

小刚的妈妈在无计可施之时，突然想到了小刚的班主任黎老师，她可是儿子崇拜的偶像，让家长们信服的好班主任啊！

她马上赶到学校，见到黎老师，没有任何寒暄便直奔"主题"，把儿子迷恋玩手机游戏的事以及自己与儿子之间的矛盾向黎老师诉说了一番。

此前，黎老师就高度关注高中生迷恋玩手机的问题，她不但搜集了大量正反两方面的典型案例，而且在平时的工作中也积累了不少解决这些问题的经验。所以，黎老师刚听完小刚的妈妈的倾诉，便安抚她尽快平静下来，然后和她娓娓交谈起来。

黎老师先是谈了两个因孩子迷恋玩手机，家长没有处理好而双方矛盾激化、酿成悲剧的例子，借以向小刚的妈妈说明：越是在这个时候，家长就越要冷静。对孩子所有的"制裁"都不是解决问题的有效方法，家长要动之以情，晓之以理，让孩子心服口服。

黎老师告诉小刚的妈妈，当务之急是重建良好的亲子关系。因此，家长绝对不能一味地指责孩子，而是要从自身寻找原因。黎老师直言不讳地说道："一个自制力弱的男孩一旦有了手机，迷恋上手机游戏几乎会成定势。所以，在孩子买手机的第一天，家长就应当循循善诱地告诉其沉迷手机游戏的后果，可以和孩子商量可以玩手机游戏的时间。"

可是，小刚的妈妈不仅没有"禁于未发"于先，还在孩子已经失去自控无力自拔的时候采取了"没收手机"这一简单甚至有点粗暴的手段。这样做非但没能解决问题，反而使矛盾陡然升级，让亲子关系接近冰点。从这个意义上说，家长也有着不可推卸的责任。

黎老师的谈话不急不缓，每句话都说到了小刚的妈妈的心坎上。对于如何重建良好的亲子关系，小刚的妈妈已经有点儿迫不及待了。于是，黎老师为她提出了解决问题的五条策略。

一、两步走策略

第一步，与孩子进行有效的沟通。沟通可以从餐桌开始。一家人围桌而坐，吃着美味可口的饭菜，正是亲子沟通的最佳时机。沟通既需要真诚的态度，也需要掌握一条原则，即不能"有错评判"。在沟通过程中，家长要尽可能谈论孩子感兴趣的话题，对于与手机游戏有关的话题则要暂时搁置。即使孩子反唇相讥，家长也不能勃然大怒，而是冷静下来，用温和的语言为孩子的情绪降温。这样一来，不用太长时间，亲子间的"冰层"就会逐渐融化，此后家长的肺腑之言，孩子才能听得进去。

第二步，丰富家庭娱乐生活，让孩子的假期生活过得丰富多彩。身为独生子女的孩子在家庭之中没有同龄人陪伴，如果父母再不能与之和谐交流，他们就会感到十分孤独，而乘虚而入的电子游戏就会很快填补他们空虚的精神世界。所以，迷恋电子游戏的孩子多来自生活比较单调的家庭。为此，家长就要做个有心人，多安排一些可以与孩子共同娱乐的活动。而且在安排活动之前，家长要征求孩子的意见，然后"投其所好"地与孩子一起参加活动。比如，有些孩子喜欢游泳和篮球运动，家长就应积极地参与其中，即使对此项目是一个门外汉，也要尽可能地跟着孩子一同前去，做一个不断鼓掌与欣赏的观众。有些孩子喜欢看电影，家长就要尽可能地抽出时间与孩子结伴而行，而且不要从成年人的角度去批判孩子所看的电影，而是要多听听孩子的意见和感受，并从中选出值得肯定的内容予以附和与称赞。

暑假的时间较长，家长最好与孩子一起外出旅游，而对于行程安排、饮食住宿等细节，要多征求孩子的意见，即使孩子说得不太合适，也要循循善诱地予以引导，共同设计出让双方满意的最佳出行方案。这样，孩子就会感到父母尊重自己，自己也应当尊重父母。家长和孩子只要做到互相尊重、真诚相待，彼此说的话就会多起来，亲子关系也会愈加和谐起来。有这样的情感基础，父母再进行引导说服时，孩子才不会逆反，并愿意尝试按照父母的意愿有节制地使用手机。

二、了解孩子所玩游戏的特点

其实，游戏也并非一无是处。适当地玩电子游戏，可以增加孩子的游戏视觉空间能力；可以让同龄的孩子有共同话题，促进孩子的人际交往能力；可以带来愉悦和欢乐的感受；满足孩子的好奇心，提升孩子的自主探索能力，同时丰富课余生活。由电子游戏发展起来的电子竞技早在2003年11月18日就获国家体育总局批准，成为正式竞赛项目；2018年，雅加达亚运会将电子竞技纳为表演项目；2022年，杭州亚运会将英雄联盟、王者荣耀（亚运版）等8个电竞项目入选为正式比

黎志新老师在做讲座

赛项目。

听着黎老师的介绍，小刚的妈妈瞪大眼睛："还有这回事？"

黎老师对小刚的妈妈坦言，自己的孩子也玩手机。不过，黎老师并没有只做旁观者或批判者，而是认真了解孩子所玩游戏的特点，甚至和孩子一起玩。比如，黎老师的女儿小时候玩的奥比岛、小花仙、美食大战老鼠等，黎老师不但对这些游戏了如指掌，而且还与女儿用同一个账号玩。玩过之后，黎老师又与女儿一起谈感受，让女儿对这个宽容的妈妈敬佩不已。黎老师发现，女儿对某一款游戏玩过一段时间后，就减少了兴趣，而去寻找新的游戏。这个时候，黎老师也紧随其后，去了解新款游戏的内容和特点。黎老师没有一味地反对女儿玩游戏，而是和女儿一起体味游戏的快乐，才让母女关系格外融洽，而且女儿也从妈妈的自律中知道什么叫节制，便能更好地控制玩游戏的时间，不至于玩物丧志、为物所役。

所以，黎老师告诉小刚的妈妈，千万不要在对游戏没有研究时就一口否认，而应先行研究之后，再与孩子促膝长谈；甚至可以与孩子一起踏进游戏园地，体味一把游戏的乐趣。独生子女确实缺少玩伴，如果父母愿意与孩子一起交流玩游戏的感受，孩子也就愿意把父母当朋友般交心了。父母与孩子有了共同的爱好和话题，这时再对孩子进行适当的点拨，往往可以起到很好的效果。

三、制定家规

家长与孩子一起玩游戏要行止有方，父母要做到自律，给孩子做榜样，为此，制定家规是一种有效的方法。因为人们玩起电子游戏来多会沉浸其中，即使是成年人，也有不少沉迷于游戏很难走出来的例子，何况孩子呢？所以，黎老师告诉小刚的妈妈："好在小刚玩手机游戏只有半年时间，还没有到'不可救药'的地步。你要明确地告诉他：'你可以玩手机游戏，妈妈也喜欢玩手机游戏，我们可以一起玩。不过，你现在是一名高中学生，要做到游戏和学习两不误，不要让手机游戏影响到你的学习。'然后，你要向孩子提出建议，共同商讨、制定如下规则：（1）什么时间可以玩；（2）一次玩多长时间；（3）晚上固定时间关网，全家人在休息时间都不用网络；（4）休息时间（包括中午、晚上）把手机放在固定的地方（不是家长没收，而是孩子自己主动放在固定的地方，比如书房、客厅）；（5）开学之后，不带手机去学校。"

小刚的妈妈一边全神贯注地听着，一边不住地点头称是。同时，她已经决定回家之后就着手制定家规。

四、及时鼓励

黎老师告诉小刚的妈妈，如果孩子遵守家规，家长就一定要及时表扬与鼓励，甚至可以不吝惜赞美之词。正是这种来自家长的肯定，会对孩子起到正向强化的作用，让孩子以后更加遵守规则。久而久之，孩子也就养成遵守规则的习惯了。

表扬的方式可以是口头表扬，也可以是书面表扬（如用写家书的形式）。前者因孩子亲临其境而印象更深刻；后者则可以久存和方便拿出来阅读。这些家书还有可能成为孩子的珍藏品，让孩子长久地感受到家长的拳拳之心与智慧之美。这样一来，孩子不但会更加自觉地遵守家规，而且会更亲近和爱戴自己的家长，深切体会到家长的良苦用心。

如果孩子没有遵守家规，家长就不能一味地纵容，而是要依照家规进行适当的"处罚"。"处罚"时，家长要遵循"温和而坚定"的原则：既要温和，就事论事，又要坚定，果断执行。如此，孩子既能感到父母爱自己，同时也易于接受，不易产生抵触情绪，以至步入"不贰过"的境界。

五、引进推荐

当今时代，手机已经成为大多数人的生活必需品。据中国新闻网报道，截至2021年6月，我国手机网民规模已达10.07亿。手机也确实方便了我们的生活，比如运动时，我们可以借助手机计量步数、查看心率；休息时，我们可以通过相关软件监测睡眠质量；出行时，我们可以借助手机导航查找目的地；用餐时，我们可以借助手机查找餐厅、订餐；阅读时，我们可以借助听书软件畅听文学，以另一种方式畅游"书海"……既然如此，与其让孩子为物所役，不如引导孩子如何让物为我所用。

黎老师告诉小刚的妈妈，一定要积极关注孩子的兴趣爱好，并抽出时间研究跟孩子兴趣爱好相关的软件，在孩子成长的路上积极助力。比如，有一款数学游戏软件叫"洋葱数学"，班里有些孩子特别喜欢；如果孩子喜欢语言艺术，可以下个"配音秀"来玩；如果孩子喜欢唱歌，可以下个"唱吧"来试试；如果孩子喜欢运动，可以下个运动软件……网络世界确实丰富多彩，手机也确实让我们的生活变得更加便捷，如何帮助孩子智慧地使用手机，应当成为当今家长必须关注的问题。

黎老师告诉小刚的妈妈，与孩子心灵相通又有共同爱好，很多以前很难解决的问题大多能迎刃而解。当然，这需要家长付出时间耐心疏导，并进行智慧引导。

黎老师娓娓道来，小刚的妈妈听得既入耳又入心。后来，小刚的妈妈回到家里按照黎老师的方法实践了一段时间后，发现这些方法真的收到了非常理想的效果，亲子关系也变得和谐起来。尽管小刚还在玩游戏，但是他有了自制力，按照与家长约定的规则来行事，除了游戏，他也畅游一些学术论坛，关注一些学习网站。

其实，黎老师不只引导了小刚的妈妈。这些年，在她的引导下，很多家庭重建亲子关系，很多孩子重新走上正途。同时，在家长会上，她开设了"科学对待孩子玩手机游戏"的讲座，让更多家长走出困扰，也让更多孩子智慧地使用手机，提高了自制力，建立了遵守规则的良好习惯。

人的格局是委屈撑大的

——杨虹萍向斥责自己的"爷爷"道歉、致谢

杨虹萍

湖北省孝感市实验小学高级教师、湖北省首届十大新锐班主任、湖北省首届荆楚好老师、湖北省师德先进个人、湖北省青年教学能手、湖北省语文优秀教师、湖北省楚天中小学卓越班主任基本功技能大赛特等奖获得者、孝感市五一劳动奖章获得者、孝感市教坛英才、孝感市最佳人民满意教师。曾担任《孝感教育》《新班主任》《班主任之友》等杂志封面人物。她所带的幸福班级两次被教育部、全国少工委、共青团中央评为"全国优秀中队",多次被孝感电视台、孝感晚报、楚天都市报、湖北教育等媒体宣传报道。

长期做班主任的教师无端遭遇委屈并非什么特殊新闻，而由此气愤不已且迁怒学生者也绝非个案。湖北省孝感市实验小学班主任杨虹萍老师也受过委屈，可她却从不怨天尤人，也不怒气冲天，更不指责学生，而是从自身寻找原因，从而与指责或顶撞她的人化干戈为玉帛。有此格局与智慧者可谓"几希矣"。

这让我不由得想起她的一句人生格言："人的格局是委屈撑大的。"

一年级新生入学时，班主任工作任务之重可想而知，不仅要筹备入学前的各项准备工作，还要处理其他始料不及的问题。这对于班主任的人格、耐心和智慧等无疑都是一个巨大的考验。

多次担任 ·年级班主任的杨虹萍老师，由于心怀大爱之心，又有治班的智谋，很多年来，一直备受家长和学生的信任。就在大家对杨老师赞不绝口的时候，却发生了一件让她极其尴尬的事件。

那时，杨老师所带的被称为"幸福2班"的一年级新班开学才两周。一天快放学时，杨老师正站在讲台上布置作业，突然，教室的门"咣当"一声被踢开了。随后，一位高个子的爷爷怒气冲冲地出现在教室门口。杨老师马上笑脸相迎，问他："您有什么事？请慢慢说。"没想到他指着杨老师的鼻子大声训斥道："哪有你这样的老师！"

杨老师心中一惊，顿时有点儿手足无措。此前她带过的幸福班级被教育部、全国少工委、共青团中央评为"全国优秀中队"，现在她也在践行着幸福教育的理念，而且家长们的赞扬声一直不绝于耳。而且，当时这位爷爷的吼声极大，不仅全班同学听得一清二楚，就是临班很多接孩子的家长也"领教"到了他的雷霆之怒。

杨老师稍微镇定了一下，依然笑着说："爷爷，请问究竟是发生什么事了？"

没想到，这位爷爷的吼声再次上扬："哪有像你这样的老师，只站在那个讲台上讲课，教室中间的孩子是孩子，两边的孩子就不是孩子了吗？"

杨老师马上意识到，这位爷爷的孙子肯定是坐在教室两边靠墙的位置。可即使对排的座位不满意，也不至于发如此大的脾气，多年的教学经验告诉她，背后一定有原因。如此一想，杨老师就耐着性子对这位爷爷说："请进教室来，您有话好好说。"

这位余怒未消的爷爷冲进教室，旁若无人地走到他的孙子小峰（化名）身边。果然不出杨老师所料，小峰就坐在靠墙的座位上。

这位爷爷冲到小峰身边，一手拎起书包，随即向他踹了一脚，高声叫道："你跟我回去，家长辛辛苦苦挣钱供你上学，你却不好好读，就在那玩儿……"

然后，这位爷爷就拉扯着小峰，气呼呼地扬长而去。

面对此情此景，一般教师也许会对这位爷爷的无礼言行心怀不满；可杨老师却忍住心中的委屈和痛苦，她想，这位爷爷之所以这么大动肝火，一定有他的原因。

不少来接孩子的家长目睹了这一事件的全过程，便纷纷前来安慰杨老师，还特别称赞她每天争分夺秒地把孩子在学校的点点滴滴以及成长变化用手机拍摄下来，并及时将数百张照片发到家长群里，这显然要耗费很多精力和时间，可杨老师却一直乐此不疲，令家长们感动不已。

杨老师想，可能这位爷爷年事已高，没有进家长群，未能看到这两个星期以来自己的全心付出。可他一定是看到了某个他认为的不足之处，这才一时心急，当众出口伤人。

回到家里，杨老师尽管还是伤心不已，却不由得担心起来，万一这位爷爷回家之后跟小峰的爸爸因此而争执起来，小峰的爸爸也许会埋怨这位爷爷："我的儿子刚到实验小学还没几天，你就把他的班主任得罪了，我儿子小学六年怎么过呀？"万一小峰的爸爸跟这位爷爷争吵起来，而这位爷爷又患有高血压，由此而发病，甚至导致脑出血，她岂不是成了罪人？

这样一想，她不由得惊出一身冷汗，心里的委屈早已飘到九霄云外去了，现在她一心想的是如何让这位爷爷不要气出病来。

这时已是晚上8点多钟，杨老师从一个表格里找到小峰爷爷的手机号，在手机上编写了一条长长的短信发给小峰的爷爷："路遥知马力，日久见人心，请您相信我，未来的日子一定不会因为这件事情对您耿耿于怀，也一定不会对您的孙子不管不顾。我会一如既往地公平公正地对待每一个孩子，全心全意地陪伴孩子们成长。只是班级里的孩子太多，老师难免有顾及不到的时候，如果您发现问题，请单独给我提出来，我们共同来解决好吗？"

短信发出后，杨老师急切地盼着回音。可是，直到第二天太阳升起的时候，她依然没有收到一个字的回复。

杨老师虽然一夜无眠，但依然异常精神地走向学校，因为她知道班里有一群自己挚爱着的孩子正在期待着她的到来。从入学第一天起，学生们对这位年轻美丽而又认真负责的班主任就有了很强的认同感。

步入教室之后，杨老师有意识地多关注小峰，可他对杨老师投来的友善目光总是躲躲闪闪的。在20分钟的大课间休息时间，杨老师微笑着走到小峰身边，友好地伸出双手说："昨天虽然爷爷很生气地走了，但是杨老师是不会怪爷爷的。你看爷爷多么爱你呀！我想知道爷爷昨天为什么生那么大的气，到底发生了什么事啊？"

小峰只是摇摇头，并没有说话。

坐在小峰旁边的几个孩子说道："杨老师，昨天您在放学前布置作业的时候，小峰趁您转身在白板上写字时，把一本书丢到后排同学的桌子上了。"

原来如此！这么"出格"的一幕恰巧映入了窗外爷爷的眼帘。

知道事件的原委后，杨老师想，站在小峰爷爷的角度考虑，她的工作确有失误：她既没看见小峰的小动作，也没有及时制止他。所以，对于小峰爷爷的发怒与斥责，她便完全理解了。她不但不能怨恨爷爷，而且还要想方设法地尽快化解老人家心中的怒气，并和他同心协力地教育好小峰。

杨老师一直在寻找一个合适的契机。

两天之后放学的时候，杨老师整好路队之后，有意识地把小峰留下来，想借此机会和小峰爷爷当面好好地交流一下。

杨老师拿出预先准备好的一个棒棒糖，对小峰说："小峰，杨老师给你一个任务，请帮我看着我的包好吗？等我把路队送走后回来取。"然后，她把棒棒糖递到小峰的手上说："这个是我特意奖励给你的！"

小峰听后特别高兴，抱着杨老师的包说："杨老师，您放心，我一定会把您的包看好的！"

杨老师满意地笑了笑，说："还有一件事，我想教你写会今天课堂上新学的三个字，可不可以？可以的话，你先去教室等我一会儿好吗？"

小峰很开心地跑向教室，乖乖地坐在座位上等着杨老师。

当全班其他孩子都被家长接走之后，杨老师正要转身返回教室的时候，突然一双有力的大手接过杨老师手中的班牌，与此同时，一个男高音在她耳边响起："杨老师，我来给您举！"

杨老师蓦然回首，正是小峰爷爷！

顿时，杨老师"竟无语凝噎"，因为她明白，小峰爷爷是用这种特殊的方式在向她道歉。

杨老师强忍住激动的泪水说："谢谢您，久等了！今天还在上课的时候，您的孙子又在偷偷玩，我怕他回去不会写今天新学的字，所以特意把他留下来单独教他。"

小峰爷爷说："谢谢杨老师！"随后，他穿过大操场，把班牌送到了北门门口并放好。

小峰爷爷来到教室的时候，杨老师正在用心地教小峰写字，于是对他说："爷爷，等我教会小峰写今天新学的这三个字，您再带他回家吧！"

小峰爷爷感激地说："好的，谢谢您！谢谢您！"

杨老师专注地教小峰一笔一画地写着，直到他把那三个字写好为止。

当杨老师将小峰交给小峰爷爷的时候，小峰爷爷的眼里已经泛起了泪花，他很激动地说："杨老师，我以前当干部时常发脾气，现在退休了还是改不了这个毛病，您可别见怪啊！"

阴云已经散去，和煦的阳光同时照到了杨老师和小峰爷爷的身上。

这个时候，杨老师也向小峰爷爷承认了错误："班里孩子太多了，放学的那个节点，我没有关注到小峰在扔书，让您看到了发脾气，是我工作的疏忽，真的很抱歉！谢谢您的理解和包容。不过，我有一个小小的请求，在以后陪伴孩子成长的过程中，我可能还有顾及不到的地方，希望您能及时给我指出来，我一定会接受批评并感激不尽的。不过，您可以采取和我单独交流的方式，那样也许不至于对孩

杨虹萍老师给学生们讲课

子产生不好的影响。"

小峰爷爷连声称好，带着小峰高高兴兴地回家了。

这件事过后没几天，学校的保安对杨老师说："杨老师，我发现有一位高个子的爷爷总在门口给您唱赞歌，别的班里的孩子一出来晚一点，总有家长在抱怨老师行动太慢。可你们班的孩子要是出来的晚一点，他总是对等待着的家长说：'我们2班的杨老师是最好的，她是最负责任的！请大家耐心等一小会儿，杨老师马上就带孩子出来了。'"

杨老师听完后，一股暖流在她的心中荡漾开来，她想，自己只是做了一些教师应该做的事情，就得到了家长的理解与支持。家长不但不是学校的对头，而且是最好的同盟军。因为双方都有一个共同的心愿，那就是让孩子更好、更快地成长起来。

杨老师的人生格言是："人的格局是委屈撑大的。"

诚哉斯言！

容得下委屈，是需要度量的；可容得下的背后却是一个人的格局与境界。只有一心为了孩子更好的成长，才能做到委曲求全。当然，这不是目的，还要与矛盾方化干戈为玉帛，并携手同心，为孩子的未来而努力。

杨老师不正是这样一个优秀的班主任老师吗？

让学生日有所记、日有所进

——万平日记讲评的神奇魅力

万平

　　北京市东城区史家胡同小学教师、北京市小学语文学科市级带头人、北京市德育特级教师、正高级教师。先后担任北京东城区万平名班主任室主持人、中国好老师班主任工作室主持人等。从教40年，曾先后获得"北京市优秀少先队辅导员""北京市优秀青年教师""北京市首届十佳中小学班主任""全国优秀教师""全国优秀中小学班主任""北京市学生最喜爱的班主任"等荣誉称号，2015年获评国家"万人计划领军人才"教学名师。

万平老师是"温暖教育"的践行者，在她担任班主任25年的时间里，进行了日记教学的践行与探索，先后点评出版学生日记专著《马方日记》《对一朵花微笑》等。

万平老师，2007年开始任教育部国家级班主任远程培训专家；2009年参编北京市地方德育教材《弟子规新解》；2011年个人著作《教育是温暖的》获第四届全国教育科学优秀成果二等奖；2019年主编史家教育集团班主任工作手册《师者情怀》之《春花卷》《秋实卷》《绿叶卷》等，并由北京出版社出版。在教育实践中，她还参与多项教科研课题研究，多次获国家级论文评比一等奖。其事迹被《光明日报》《中国教育报》《中国教师报》《北京日报》《现代教育报》《中国教育电视台》《北京电视台》等多家媒体报道。

虽然学生写日记不是一项硬性要求，但每天坚持写日记的学生并不太少。不过，通过日记引导学生快速成长，对于班主任来说是一门不错的学问。

万老师在这方面不但是研究者，更是践行者。

她曾教过一个叫小骏的学生，他的爸爸是一个"非典"病毒研究专家，治好过不少"非典"患者。可是，面对自己的儿子小骏，他却一筹莫展。因为这个孩子"散、漫、拖、磨"四样俱全，听话慢、思考慢、做事慢、作业慢，而且屡教不改。

小骏从小由爷爷奶奶带大，爷爷奶奶对他百般疼爱，可宠爱有加的同时，也让爱无意间走向了它的反面。

小骏刚学走路的时候，两位老人一左一右为他"护驾"，还千叮咛万嘱咐地说着："慢一点，慢一点。"小骏刚能自己走上两步的时候，两位老人担心他摔倒，赶忙又去扶着小骏走，而且还一个劲儿地唠叨："慢一点儿，小乖乖！"和小骏差不多大的孩子已经会自己吃饭、喝水的时候，两个老人却小心翼翼地端着碗把饭菜送到小骏嘴边。小骏该上幼儿园的时候，两个老人舍不得送小骏去上学，而且"理由"充分，说得也振振有词："上那干吗去呀？我不比那里的老师疼你啊？不去了，跟着我们就行了。"

爷爷奶奶过度的溺爱让小骏进入学校后不但独立性非常差，而且做什么事情都比其他同学"慢三拍"。

万老师明白，学生的进步是一个循序渐进的过程，即使对他们提出要求也要简明扼要，所以万老师对她所教的学生只提了三点要求：一是自己的事情自己做，二是做事快、静、齐，三是坐端正。

但就是如此简单的要求，对于小骏来说，全部做到比登天还难，当然，每次考试得二三十分也是家常便饭，即使考得最好的一次，也只得了59分。看着那些考95分以上甚至100分的学生见到父母那喜气洋洋的样子，小骏的爸爸恨不得地上有一条缝，好让他一头扎下去。

为此，他专门来拜访万老师，见到万老师说的第一句话就是"敢问路在何方"。

万老师心想：这位家长真有学问啊！

可小骏的爸爸在如何教育孩子的问题上却一点儿"学问"也没有。

作为全国优秀班主任，万老师做起学生工作来轻车熟路，而且大多都能马到成功。她想，小骏之所以成绩很差，一定是因为还没有激发起他对学习的兴趣，因为兴趣是最好的老师。

在交谈中，万老师从小骏的爸爸那里了解到，小骏一直有一个梦想，就是有朝一日能够写出一篇好的作文，刊登在班里办的《小木桥》上。

万老师听后眼睛瞬间亮了起来，她告诉小骏的爸爸："好！咱们就圆他这个梦！"

小骏的爸爸迷惑不解地问："怎么个圆法？"

万老师胸有成竹地说："写日记能让他越变越好！"

"他怎么能写好呢？"小骏的爸爸有些担忧地说。

万老师非常肯定地说："只要他坚持写，不管写得怎么样，我都能保证让他变得优秀起来！"

小骏的爸爸回家之后，告诉了小骏万老师的建议，并让他当天就开始写日记。

万老师在小骏的心里绝对是一个一言九鼎的人，小骏心想：既然万老师许下诺言，那我只要坚持写日记，自己的文章就一定能刊登到《小木桥》上。

当天晚上，小骏就写了一篇日记。第二天还没有上课，他就一路小跑着把一个小红本高高兴兴地递到了万老师的手里。

万老师打开小红本一看，原来是小骏写的第一篇日记，可这是什么日记啊？

2004年3月1日，晴

今天，我想写日记，可就是写不出来。爸爸说："把这句话写出来就行了。"

万老师转念一想，尽管只有27个字，可说明这个孩子心里充满了希望，这只是一个起点，是多么需要老师的呵护与欣赏啊！

于是，她灵机一动，决定把原来准备上的课文朗诵课改成日记讲评课。

刚一上课，万老师就把手里的那个小红本高高地举起，极其兴奋地对同学们说："大家知道吗？今天小骏写了篇日记，写得太好了！我要奖给他四个猫章！"

同学们惊讶不已，这个学不好、考不好的学生也能写出好的日记，而且还得到四个猫章？这猫章可是万老师对表现特别突出的学生的奖励，平时得一个猫章都已经让人兴奋不已了，小骏竟然一下子得了四个。一时间，一双双既期待又略带怀疑的眼睛看着万老师。

"这日记写得到底有什么好的？竟然能得四个猫章？"有的学生开始窃窃私语。

万老师见此情景，又说道："今天我还设了伯乐奖，谁发现这篇日记的一个优点，就发给谁一个伯乐奖！"

听万老师这么一说，同学们全都瞪大了眼睛，脑子也迅速地转动起来。

因为万老师平时在课堂上就设有伯乐奖，而且伯乐奖被公认为有着极高的价值，所以，大家都想得到这个奖励。

于是，万老师继续说："大家一定要认真听啊，我开始读了。"事实上，她只读了"2004年3月1日，晴"这几个字就停住了。

很快，一个女孩举起了手："老师，我觉得日记格式很正确。"

万老师高声说道："对！伯乐奖一号有了！"

同学们的眼睛瞪得更大了，都竖起耳朵仔细听，想找出这篇日记的优点。

万老师又略带神秘地读道："今天我想写日记，可就……"

"老师，我听出来了，心理描写很真挚，用词也很好。"一个女孩忽地站起来说道。

万老师旋即予以表扬："这个小姑娘太会动脑筋了，伯乐奖二号出来了！"

话音刚落，一个女孩又把手高高地举了起来，不待万老师说话，便很快地说道："老师，'爸爸说'后面用的冒号、引号和句号都很正确。"

万老师朗声说道："说得好，伯乐奖三号出来了！"

这个时候，全班同学都处在亢奋的精神状态中。

万老师兴奋地说："小骏，请到讲台上来！"

小骏激动得小脸都红了起来，他兴奋不已地走到了讲台上。

万老师又说道："请三位获得伯乐奖的同学上台！"

三个小姑娘一蹦一跳地来到了讲台上。

颁奖仪式简约而隆重：万老师拿出三个猫章交给三个伯乐奖获得者，让她们一一发给小骏。

第一个女孩走到小骏面前说道："这个奖给你，日记格式写得很正确，继续加油！"

随后，第二个女孩又走上前对小骏说："心理描写写得真不错，用词太好了，希望你写得越来越好！"

第三个女孩一边把猫章递给小骏，一边还很热情地跟他握手："小骏，标点符号用得很正确，向你学习！"

颁奖结束后，三个小姑娘和小骏合影留念。

这个时候，万老师手拿一个猫章，对大家说道："今天是小骏入学以来写的第一篇日记，这个猫章作为首篇日记奖颁发给小骏，希望他坚持写下去，越写越好！"

话音刚落，教室里爆发出一阵热烈的掌声。

有时看似平常的一件小事，也可能让当事人发生很大的改变。此后很久很久，一种幸福感一直在小骏心里荡漾着，而每天一篇日记他也从未间断，而且越写越好。

更为重要的是，这让小骏重新找回了自信，学习的动力越来越强，学习成绩也稳步上升，45天之后的一次考试中，他的语文分数高达99.5分，位居全班第一。

不仅考试成绩突飞猛进，小骏的日记质量也越来越高。不但他的日记上了《小木桥》，而且万老师还专门为他出了一期专号《小骏成长记》。

由此看来，孩子的潜力是无穷的！那些考试成绩一直不好的孩子，往往不是智力不佳，而是失去了信心，没有了主动学习的愿望。万老师相信所有的孩子，如果能开发出藏在他们心中的潜能，他们都能像小骏一样发生翻天覆地的变化。

万老师认为，所谓日记者，就是日日记也。既然日日要写，久而久之，孩子就会形成凡事坚持做到底的好习惯。有了好的习惯，孩子越变越好也就成了必然。叶圣陶先生说："教育是什么？往简单方面说，只需一句话，就是养成良好的习惯。"看来，引导小骏养成写日记的好习惯便是最好的教育形式之一啊！

写日记不但让孩子养成了做事持之以恒的好习惯，而且为了把日记写好，孩子会主动地去观察生活，并思考如何写得更好；为了写得更好，又必须做得更好。在这种良性的循环中，写日记无疑成了孩子变得越来越好的催化剂。俄罗斯教育家乌申斯基说："好习惯是人在神经系统中存放的资本，这个资本会不断地增长，一个人毕生都可以

万平老师和孩子们的合影

享用它的利息。"可见，养成写日记的习惯，不但可以让像小骏这样的孩子变得越来越好，还有可能让他们拥有一个更加美好的未来。

十多年来，万老师教的孩子中先后有60多位荣获全国、市级作文比赛的优异奖，而在更多孩子心里所栽种下来的则是对生活与写作的热爱，以及持续不断的发展。

正是基于这种思考，在过去的十多年中，万老师对她所教的每一届学生都提出了写日记的要求，批改学生的日记也成了她每天必做之事。为此，她每周从语文课中挤出一节课的时间，对学生所写的日记进行讲评。

目前，她为孩子讲评的日记已达500多万字。正是在日记的评改过程中，她走进了每一个孩子的心灵世界，也走进了每一个孩子的家长心里。所以，她能在第一时间了解孩子的问题后，即时地予以解决，让很多问题在萌芽之初就得到了解决。

可是，这要消耗万老师多少的时间与精力啊！而且，这所有的消耗是没有任何"经济收益"的。不过，她之所求是她教的孩子能更好地成长和发展，所以做起这些工作来，她尽管有的时候很累，但总是乐此不疲。

孩子在成长过程中，能够得到万老师如此用心的教导和关爱，不只是他们当下的福分，也是他们一生的幸运。

家校共育
风景

聚心合力的"大合奏"

——山东省博兴县第一小学家校共育的风景

学校教育对学生的成长起着至关重要的作用，可是，如果没有良好的家庭教育与之相呼应，起到的效果就会大打折扣。于是，家校共育成了更好地教育孩子的一种选择。博兴县第一小学经过多年的探

初学良校长

索，构建了包括"三改变""四课堂""五品牌"的"345家校共育工程"，收获了非常可喜的成果。

一、"三改变"

第一个改变是变家长会为家长、教师、学生互动式研讨班。不少学校的家长会往往是校长和班主任侃侃而谈，家长只有洗耳恭听的份儿。毋庸讳言，这些讲话也可以起到一定的作用，可是，校长与班主任所了解的更多是学生在校的情况，他们未必能够听到家长的心声，所以面对情形各异的家长时，所讲内容就很难做到有的放矢了。更有甚者，家长会则变成了对家长的批评会乃至声讨会，这样一来，家长不但对参加这样的家长会少了兴趣，有的家长还产生了一定的抵触情绪。所以，尽管校长和班主任讲得天花乱坠，但很难引起家长的共鸣，难以收到好的效果。

因此，博兴县第一小学变家长会为家长、教师、学生互动式研讨班之后，收到了很好的效果。在研讨班上，家长现身说法，畅所欲言，分享自己在教育孩子上的收获与经验，或者一起讨论家庭教育中的困惑。观念与方式的转变让家长主动参加研讨班的积极性持续高涨起来。不少家长在来学校之前还进行了认真的"备课"，从而让研讨班的质量越来越高。

第二个改变是变家长会为家校联席会，变教师的一言堂为教师、学生、家长的共同分享会，增加了汇报式、讨论式、交流式、展评式、表演式等形式多样的研讨方式。家长会的规模、开会的地点也因家长会的主题而变化。即使是家长和孩子在家中很少交流的问题，在这里大家也都坦言相谈，不但化解了家长与孩子之间的矛盾，还让家庭关系变得更加和谐。而教师与家长、孩子的倾心交谈，不但解决了一些棘手的问题，而且让那些还没出现的问题"禁于未发"。以前，每逢开家长会的时候，有的学生总是惴惴不安，担心因为班主任的批评会受到家长的再次训诫；现在，这些学生却盼望着这样的家长会能够早点开，多开几次。没有了心理负担，学生的学习效率自然有了提升，考试成绩也有了一定程度的提高。

第三个改变是家长从倾听者变为对话者，即让家长和教师成为助力学生成长的平等的"同事"。为此，每周四，学校全方位对家长开放，还构建了家长讲堂、家长驻校办公、家长评校评教机制等。如此一来，家长可以走进教室听孩子们上课；也可以在学校里巡视一番，对某些认为需要整改的地方提出建议和意见。所以，每逢周四，家长们总是乘兴而来，洋溢着自豪感而归。更重要的是，家长越来越关心孩子的同时，也逐渐融入学校的氛围中，增加了对学校的认同感。

初学良校长说，这三个改变让家长不但明白了教育孩子不只是学校的责任，而且有了"父母是孩子第一任老师"的责任意识，理所当然地认为应当"承担对未成年人实施家庭教育的主体责任"；同时，也让教师尤其是班主任多层次、多角度地了解到每一个孩子的情况，从而更好地因材施教。孩子则体会到了父母和教师的拳拳之心，从而增强了主动学习意识，增进了与父母和老师之间的感情。

二、"四课程"

第一个课程是"魅力课程"。

学校为每个班级印了一本名为"家长漂流日志"的小册子。这本小册子不是放到教室里束之高阁，而是在每个学生的家里巡回漂流。比如漂流到A学生家里之后，第一天晚上，A学生的家长要阅读前几位家长所写的内容，从而学习他人的家庭教育经验。第二天晚上，A学生的家长则要分享自己教育孩子的成功案例或某些困惑，或讲述自己和孩子之间的具有教育意义的趣事，或给学校的发展提出某些建议和意见等。第三天，这本小册子从A学生的家里又漂流到了B学生的家里，B学生的家长除了认真阅读之外，也要写出自己的感想、体会等。如此这般，这本小册子每两天漂流到一个家庭里，每个家长的家庭教育智慧都与其他家长一起分享；如果某个家长提出有关教育方面的困惑，其他家长则可为他答疑解惑。所以，这本小册子每到一家，就成了这个家庭争先阅读的宝书。

目前市场上有关家庭教育的书可谓琳琅满目，有些书由于与当下家长的需求相差甚远，所以并不太受家长的欢迎。以前，博兴县第一小学曾经参与过国家基础教育实验中心的一个心理健康教育课题，课题组赠送给学校一百多套家庭教育方面的书籍，学校便将这些书籍奖励给一批优秀家长，认为他们一定会如饥似渴地阅读。可半年之后学校做了一个问卷调查，结果却是阅读者寥寥无几，连一个通读这套书的家长都没有。

于是，学校就构建了一个特殊的课程，即印制《家长漂流日志》，让每个家长都能从中获取自己需要的东西。所以，从漂流第一天开始到现在，这本小册子一直是家长热捧之"书"。后来，学校又从这本《家长漂流日志》中选出优秀的文章，印制成书，并取名为"爱的味道"。这本书在家长中大受欢迎，成了他们的必读书目。

实践是检验真理的唯一标准，我们是不是可以这样说，家长是检验家庭教育用书优劣的最佳人选。即使是声名远播的家庭教育专家，如果不真正走进家长的心里，也只能是悬在空中的一朵白云，一阵风吹来，便有可能烟消云散、杳无踪影。

第二个课程是"合力课程"。

教师尽管掌握了不少教育孩子的方法和知识，可毕竟不可能万事皆通。某些领域的知识对于孩子来说是必须了解的，而学校教师又对这些领域的知识不了解，但是有的家长则精通此领域的知识。为此，学校将一些熟知专业技能知识的家长请进学校，开设起了"爸爸妈妈大讲堂"。此前，教师三番五次地对学生说，不要购买那些三无食品，可是至于为什么不能，却难以说出个子丑寅卯。所以，尽管教师三令五申地讲，但学生却照样吃得津津有味。然而在开设"爸爸妈妈大讲堂"之后，学校邀请在市场监管局工作的家长，讲述三无食品来路不明及其带来的巨大的危害时，学生听得倒抽了一口凉气。此后，再没有发生学生购买三无食品的情况。另外，小学数学课本上有认识钱币的内容，但对于很少使用钱币的学生来说，他们很难对此有切身体验。于是，学校邀请在银行工作的家长来跟学生讲解关于钱币的知识。这个家长不但讲得妙趣横生，还带来了银行收藏的各种版本的钱币向学生展示。这不但极大地激发了学生对钱币的兴趣，也让他们对各类钱币有了比较深入的认识。

初校长说，现在学校有3300名学生，他们的家长工作在各个领域，这对学校来说绝对是一笔巨大的资源。而且，家长对于学校的要求几乎是有求必应，邀请他们来"爸爸妈妈大讲堂"讲课，他们会极其认真地准备，讲得绘声绘色。

这一合力课程从开班到现在，"专家"资源非但没有枯竭，反而呈现出源源不断之势，主动请缨来讲课的家长越来越多。而最大受益者则是学生，他们在开阔眼界的同时，也学到了书本上无法学到的内容。

第三个课程是"活力课程"。

参加社会实践活动对学生成长会起到很大的作用，可是到哪里去开展实践活动，并能取得良好效果，又是一个必须考虑的问题。校级家长委员会的一位秘书长了解到这种情况后，主动向学校领导提出让学生到他担任经理的超市开展实践活动，学校领导欣然同意。随后，学生便陆续走进这个超市开始了半日实践活动。这次活动由一个营业员像带徒弟一样带着两个学生，教学生认识每一种类商品的标识，整理货架上的商品，以及观察售货员如何推销商品等。通过这次实践活动，学生既学到了书本上难以学到的东西，又体会到了售货员工作的辛劳和认真。此后，通过家长的帮忙，社会实践活动又拓展到企业、农场、博物馆、健身中心等不同的地方。

对于孩子来说，书本上的知识固然重要，可是，如果少了社会实践，他们就会在成长过程中缺失必需的营养。这些实践活动尽管对孩子的考试成绩几乎不起作用，却对孩子未来的成长产生着重要影响。

第四个课程是"张力课程"。

有些学生对某些方面的知识特别感兴趣，可是却因学校没有这方面的教师而望洋兴叹。家长中不但有擅长此专业者，有的还是有一定名气的专家。于是，将他们请到学校为学生现场授课就成了学校的一个选择。

12年来，京剧团的三位专家一直风雨无阻地按时到校来给学生传授京剧艺术，不但让爱好京剧的学生学有所长，而且还给他们提供在各类大小舞台上一展风采的机会。此外，通过家长引荐，山东省京剧院、山东省艺术学校在博兴县第一小学设置了教学实践基地，为在京剧方面有造诣的学生开辟了通向更高平台的通道。同时，学校建有中医文化药馆，可是在建馆之初，学校中却少有精通中医者。一位学生的爷爷先后担任过县人民医院院长和卫生局局长，当时他虽然退休在家，但依然饶有兴趣地研究着中医药，且在当地有一定的名气。他听闻学校缺少这方面的人才后，便主动请缨义务担任中医文化药馆的辅导教师，从而让中医文化药馆因有了这位大师的"大驾光临"而"生意兴隆"，且培养了一批对中医药文化感兴趣的小学徒。

在其他方面有专业技能的家长与社会名流，或由学校邀请，或不请自来。他们不但技艺高超，而且德高望重；不但向学生教授了技艺，而且在一言一行中教会学生如何做人。而学校也因有了更多更好的课程，在社会上引起了广泛的关注。

副校长刘培军说，"四课程"的开设让不少学生都可以根据自己的爱好各取所需。而某些有特殊天赋的孩子则因有这些家长和专家的指导与教授在各级各类的比赛中脱颖而出、大放异彩，也为学校争得了荣誉。即使一般学生，也因为有了自己钟情的课程，学习起来更加有动力。于是，学生不但学到了必学的知识，培养了必备的能力，而且有了一个快乐、幸福的童年生活。

三、"五品牌"

第一个品牌是家长护童队。

所谓家长护童队，就是每天上学、放学时，在学校门前有六个家长参与护童工作。对于家长护童队，有人曾经提出过质疑，认为这些家长不会听从学校的安排来此工作，即使他们迫不得已而来，也不会尽心尽力，只是应付而已。

当这个质疑者到学校门口"考察"并悄悄地询问了护童队的家长后，他的态度发生了极大的转变，对家长护童队大加赞赏，以至逢人就夸，成了家长护童队的义务宣传员。

其实，这些质疑的声音并非全无道理，如果只是强行让家长前来义务护队，就不会出现如此好的效果。为此，学校在前期做了大量的工作，并对所有执勤的家长进行集体培训，晓之以理、动之以情地向家长讲述家长护童队的必要性、可行性和重要性。刘培军副校长还给家长算了一笔账：全校3300名学生，每天只有六个家长执勤，每个家长全部执勤一遍，差不多一年半才轮上一次。你在执勤的时候，保护自己孩子的同时，也保护了其他家长的孩子；同理，其他家长执勤的时候，也在履行着保护你的孩子的责任。家长如果确因有事不能按时执勤，可以通过家长委员会调换时间。此外，执勤的家长还有一个特殊的"福利"，就是班主任在家长执勤时和每个家长分别交流孩子近段时间在校的表现。这是家长最迫切想知道的事情，所以他们万分珍惜这个执勤的机会，只要没有特殊情况，绝对不会"错失良机"。另外，年级部主任还会走到执勤家长面前，向他们表示感谢，这又让家长感到自己受到了学校的尊重，便更加支持家长护童队。

正是因为有了这些深得家长之心的举措，经过十多年的时间，这支家长护童队才一直满面春风地提前上岗，有说有笑地按时而归。

第二个品牌是家长驻校办公。

既然是家校共育，家长就要对学校教育拥有知情权、监督权以至参与权。所以，学校在房舍极其紧张的情况下，仍为驻校家长提供了高配置的办公室，每天有两位家委会代表驻校办公半天时间。他们或在教室听课，巡视校园；或旁听校委会和教职工大会；或与教师及校领导一起参加座谈会，参与科室常规活动等。

驻校办公结束后，家长要填写好驻校办公反馈表，校长办公会或校委会、教代会随后要对家长的反馈意见进行认真研究，从而形成整改报告。

家长看到学校如此重视家长驻校办公时提出的建议和意见，就愈发在驻校办公期间认真负责，平时有了好的想法，也会来到学校，将自己的建议和意见向学校提出来。

第三个品牌是家长参与学校的评议工作。

以前，教导处和德育处开展评比活动时，多是由班主任担任评委，有时会出现评议结果难以服众的现象，甚至有些教师认为某些评议结果有失公允。然而，家长参与这些评比活动之后，所有教师都没有了异议。一是因为家长评议起来极其认真负责；二是因为评价结果与家长自身的评奖晋级等没有关系，很难出现不公正、不公平的情况。

于是，学校进一步向家长赋权，比如学校的演讲比赛、招生分班等，也邀请家长参与进来。"大权在握"的家长在行使权力的同时，不仅对学校各项工作有了进一步的了解，而且由此避免了某些不必要的误会。

第四个品牌是家长志愿监考。

每周四是学校的家长开放日，家长只要预约后，都可以走进教室听课。不过，当孩子考试的时候，孩子在教室里参加考试，家长则焦急地在校门口转来转去，盼星星盼月亮一样，盼着孩子尽快走出考场，并期盼孩子考出一个理想的成绩。

寒假之前，不少老师要上函授教育和参加辅导，监考人员的安排就成了一件令教导处十分头疼的事情。而徘徊于校门口的家长又迫切希望能够走进学校的考场之中。于是，学校经研究决定，向家长发出志愿监考的倡议。于是，由家长和教师组成的监考组合便出现在学校的考场上。

家长看到考场上秩序井然而又守诚信的孩子，不由得为自己的孩子拥有如此好的品质而感到自豪。于是，但凡参加过监考的家长，都会在很多场合赞不绝口地夸奖博兴县第一小学的品质之优。

第五个品牌是成立家长联盟。

据刘培军副校长讲，某个班级的四个家长关系密切，常常聚在一起谈天说地。可是，他们也是乐中有苦，不知道怎样督促孩子尽快完成作业、如何抽时间读书。一天，其中一位家长突然灵光乍现，说道："咱们工作都很繁忙，何不轮流监管孩子？每人牺牲一周的休息时间'盯'着孩子，让他们较快地完成各个学科的作业，然后把孩子每天各学科作业中出现的错误——记录下来，整齐地誊抄在纸上并复印四份。"到每周五晚上，监管孩子的家长将四个家庭的家长和孩子集中到自己家里，发给四个孩子每人一份错题卷，让他们在现场做完。为了保护孩子的隐私，不在现场批阅与订正，而是让每个孩子各自回家后与家长共同订正，并分析为何会出现这些错误。如此循环进行，也就是说，一周一般只需一个家长。尽管孩子所错之题不尽相同，可是不少错题都有共性。而对这些错题进行订正，不仅让孩子改正了错误，而且强化了记忆。过了一段时间后，这四个孩子的考试成绩都有了不同程度的提高。这四个家长看到成效之后，又将活动项目进一步拓展，加入了孩子在学校社团活动中的才艺展示，进而又拓展到读书成果展示、家庭劳动汇报、家长才艺展示和家庭教育经验分享等。令人欣慰的是，这四个孩子不但学习成绩越来越好，而且培养了良好的行为习惯，在其他方面也取得了很大的进步。

刘培军副校长了解到这一情况后，便召集全校各班级家长委员会成员参加"家长联盟经验分享交流推广会"，让这四个家长分享他们的经验与感想，还让四个孩子谈了他们的收获，班主任也分享应邀参与"家长联盟经验分享交流推广会"的感受，以及这四个孩子快速成长的表现等。

这无疑在家长中引起了强烈的反响，一个个争先恐后地要向他们学习。于是，学校领导趁热打铁，要求各班级家长委员会成员结合本班级的具体情况制订出班级的具体方案。不长时间，100多个家庭小联盟应运而生，几乎覆盖全校学生居住的所有小区，而且学习的内容也有了进一步的拓展，如孩子读《三国演义》的收获等也走进了家庭联盟。此外，这个联盟在督促孩子学习之外，又让孩子学会了如何接待前来家中学习的同学和家长的礼仪等，比如要提前将房间卫生打扫好，对来者要笑脸相迎、倒茶以待等。

联盟活动开始的时候，多是孩子与妈妈们参加，慢慢地，爸爸们也参加了进来。其中一个孩子的爸爸抽烟，为了大家的健康，联盟规定，在活动期间，任何人不能抽烟，否则取消其参加活动的资格。没想到，这个十多年来烟瘾极大的家长竟痛下决心把烟戒掉了。还有一些外校的家长也加入博兴县第一小学的家长联盟，从而让这个家长联盟的队伍越来越壮大，越来越受人欢迎。

2018年，在贵州举行的中国教育学会家庭教育专业委员会第31次学术年会上，博兴县第一小学在家庭教育分论坛上分享了他们的做法，引起强烈反响，受到孙云晓等家庭教育名家的高度评价。2019年，在济南召开的中国教育学会第32次学术年会上，博兴县第一小学又承办了家校携手探索校园非遗传承的微论坛，得到与会专家的高度评价。

初校长说，于2022年1月1日正式实行的《中华人民共和国家庭教育促进法》要求"建立健全家庭学校社会协同育人机制"，我们已经组织家长和教师进行了认真的学习，学校也会由此做好家校共育工作，从而打造出博兴县第一小学的家庭教育品牌。

博兴县第一小学因别开生面的教育景观不但引来了持续不断的参观学习者，而且于2017年被评为滨州市唯一的"首届全国文明校园"，整个山东省大中小学总共获此殊荣者只有28所学校。2021年，博兴县第一小学又被评为山东省省级文明单位，从而拥有了更大的知名度与更好的美誉度。

书墨飘香，润泽人心

——山东省潍坊市奎文区圣卓实验学校家校

共读共写活动

山东省潍坊市奎文区圣卓实验学校建于2008年，原名为潍坊市奎文实验初中，2019年更名为奎文区圣卓实验学校，是271教育集团创办的第一所分校。除了课程、课堂、管理品牌，271教育集团的家庭教育

董春玲校长

"十大行动"也已形成了品牌。囿于篇幅，本文只就其"书香圣卓"和"墨香圣卓"两大行动进行述说。尽管如此，读者依然可以从笔者对董春玲校长的访谈中感受到圣卓实验学校家庭教育的非同凡响之处。

一、书香圣卓

董春玲： "书香圣卓"是在学校系统的规划下，在老师的引领下，家长和孩子共同养成读书的习惯，营造一种和谐的家庭阅读氛围。这是由校内阅读到家庭阅读的延伸，学校和老师跟家长手牵手，共同播撒阅读的种子，让阅读的习惯植入到每个家庭中。在行动规划上学校进行了九年一体化设计，每个年级每个学期目标、内容、成果展示均有不同，呈阶梯式上升。

陶继新： 阅读好书，会向学生播种下精神的种子，并让种子在他们的心里扎根、发芽、开花和结果，不但让他们当下"腹有诗书气自华"，还会让他们未来展翅高飞于更广阔的天空。"书香圣卓"这一行动不但在学校里营造出浓郁的读书氛围，还让家长懂得了读书的重要意义，让每个家庭沐浴于书香之中；不但让孩子因爱读书变得更加上进，还会让教师乃至家长因有了书香的熏染而受益良多。

董春玲： 这是带动学生、家长和老师共同成长的一种方式，事实上我们赚大了。要想引领家长培养阅读的习惯，我们自己要先弄明白该如何去引导。如阅读内容的选择颇费脑筋，规定性书目可能不适合，后来我们把规定性书目和自选性书目相结合，让家长和孩子一起推荐书单，从中找出最大公约数。因此，阅读的种类变得多了起来：中华经典类、文学名著类、科普类、世界著名的绘本类、教育理念类等。在阅读方式上，一开始实行捆绑打卡阅读，不仅在家长群内打卡还要拍照，在家长和孩子养成阅读习惯后就不用打卡和拍照了。家长自发地在家长群内开展专项阅读，例如志成18班全体家长研读苏霍姆林斯基的《给父母的建议》；学校现有六个家长读书俱乐部，在家长中推选出部长担任领读者，负责领读书目和每周分享；亲子阅读中又有父母与孩子共读、祖孙三代共读、孩子担任家庭领读者等；还有教师领读，如徐带华老师就带领家长一起读书并为家长讲书。在疫情居家期间，老师们每晚向家长推送有声读物，家长和孩子都认真聆听，并彼此交流感受。我们每个季度会进行一次读书交流和表彰活动，表彰活动以赠书为主；每个学期会评选书香家庭，评上的家庭可以申请阅读晋级。让阅读成为圣卓实验学校所有人的共同密码，让阅读回归到家庭，延伸到社区，是我们所希望的。

　　陶继新：推荐书单是首位的，因为不好的书，读得再多，也难产生真正的意义，甚至会产生负面的效应。恰如荀子所言："蓬生麻中，不扶而直；白沙在涅，与之俱黑。"你们从"最大公约数"中产生的书单，让大家步入到理想的阅读王国里。当孩子们体悟到读书之美，以至养成终生读书习惯的时候，他们受益的就不只是当下。而家长读了好书，不但有利于营造良好的家庭氛围，还有可能让他们终生爱上读书，对他们的工作和生活都有益处。老师更是如此，他们是教书者，亦是育人者。真正意义上的好书不但文笔流畅、内容深刻，还蕴含着丰富的文化内涵和人文精神。长年累月地游弋于书海之中，会让老师不断地学习新的知识，提升自己的品德和言行，成为德才兼备的卓越之士。

董春玲：说到这里，我要谢谢您，陶老师！这是多年以前我第一次听您的讲座"做幸福的教师"时受到的启发。作为校长，我带动学校实施起来会更加容易一些，我也希望把我在职期间的作用发挥到最大，打造阅读共同体或者线上阅读社区。有人说，从"圣卓"毕业的孩子，说话走路都不一样；"圣卓"的教师充满自信又思维活跃。还有人说，送孩子到"圣卓"上学，就是为了让自己和孩子与一个卓越的团队同行。在这一点上，我们感觉很欣慰。阅读的力量非常强大，不仅我们自己尝到了阅读的好处，许多家长也因此在做公益推广。和您分享个例子：2017级芃宏同学的妈妈，在阅读中爱上了绘本阅读，还考取了阅读指导师，被孩子称为"绘本妈妈"。她利用工作之余主动为社区和边远山区的孩子上门开展读书活动，现在她的孩子已经上高中了，但她仍然为"圣卓"小学部的孩子定期进行阅读推介，坚持为家长推荐阅读书目。2020级畅畅同学的妈妈，每天早上五点半就向老师、家长发送朗读音频，已经坚持了两年，这样家长和老师在上班的路上就可以收听。不但家长读、孩子读、老师读，校长也跟他们一起读。每次我给家长讲课或者跟家长聊天都会推荐书，如《心理营养》《读懂孩子》《关键期关键帮助》《母亲》等，现在有二宝的家庭还让我帮助推荐适合幼龄儿童阅读的经典书目，我感到很开心。

陶继新：有人说"从'圣卓'毕业的孩子说话走路都不一样"，我对此深信不疑。曾国藩在写给儿子的家信中就有这样的话："人之气质，由于天生，本难改变，唯读书则可变化气质。古之精于相法者，并言读书可以变换骨相。"读书不但可以改变孩子的谈吐与气质，还能改变他们整个精神面貌；不仅会改变当下的形态，还会对其精神状态持久地产生影响。

5月7日和5月8日在你们学校采访，听2017级芃宏同学的妈妈和2020级畅畅同学的妈妈谈起读书的感受时，我为她们的付出而感叹，同时也发现读书让她们自己也有了自觉成长的需求，从而获得很大的改变，甚至对其生活和事业都产生了影响。她们由此拥有了更美好的品质，也在持续的文化升值中让自己变得更加美好。她们做阅读推介与音频传送，让更多的教师与学生读到和听到了更好的作品。如此"己欲立而立人，己欲达而达人"的精神品质，还会继续影响更多的人，产生更大的精神能量。

董春玲：陶老师，您的一句"她们自己也有了自觉成长的需求"点破了我想表达的观点。阅读多少书很重要，达到多少等级很重要，但更加重要的是大家能通过阅读传承文化、遇见自己、唤醒心灵、激活生命潜能，让读书成为自己成长的自觉行动，这也是我最希望的。前段时间，我看过一篇文章，大致是说"一群不读书的人领着一群人在读书是最可怕的"，无论在学校还是在家中，不读书都同样可怕。这一代家长带着孩子爱上了读书，可能就是在为下一代做贡献。我觉得，当学校和家长都在琢磨读书这件事时，孩子就有福气了。今年世界读书日，在家委会的倡导下，小学部语文老师带领家长一起启动了一件大事——"百万阅大富翁"阅读行动，百万是指100万字，阅读的对象主要是孩子，家长和老师可以一起参与。每个孩子在家长的帮助下梳理出截至现在阅读的字数，测算出每分钟阅读的字数，规划每天的阅读量、读到100万字需要的天数以及需要阅读的书目。这项活动很有意义，每个孩子都无比认真。在"六一"儿童节那天，我们将要进行阶段成果展示，学校和家庭准备一起用阅读的方式为建党100周年献礼。阅读成为一所学校的第一课程，我已经无法估量这个行动所带来的价值影响。

陶继新：“一群不读书的人领着一群人在读书是最可怕的！”这句话虽然具有讽刺意味，但说得多么发人深省啊！有的家长只希望孩子考出好成绩，往往不带领孩子阅读；有的老师天天在课堂上教学，也不注重经典作品的阅读。这样的家长与老师要想让孩子多读书、读好书，岂不是天方夜谭？可阅读对于孩子的成长极其重要，会对他们未来的发展产生积极的影响。

你们开启的“百万阅大富翁”阅读行动让人振奋不已！虽然100万字是一个偌大的阅读数字，但当孩子与家长、老师真正投入其中时，他们会发现这非但不难实现，甚至可能会超越这一数字。多一些这样的行动，学校就成了书香校园；家长与孩子共同阅读，家庭也就成了书香家庭。书香飘逸的时候，散发出来的不只是书的香气，还有人的茁壮成长。而且不只是孩子成长，家长与老师都在成长。我们不应当原地踏步，而应当不断地实现超越与飞跃。而读书则可以让人拥有一个不同寻常的精彩人生。

董春玲：是的，陶老师！经过您这一点拨，我们更加有底气了。在271教育体系架构中，学生需要拥有八大品质：学习能力、科学精神、阅读表达、社会担当、艺术审美、人文情怀、身心健康、自我管理。我认为阅读具有统合作用，以上这些品质在阅读中能够很好地统合起来，并得到培养和提升。而家长和老师的示范和引领也让这种统合作用发挥到了极致。

陶继新：持续不断地阅读好书，提升的不只是人的阅读与写作水平，还会向其他方面延伸，有利于八大品质甚至更多品质的形成。譬如多读优秀的文学艺术作品，自然有利于审美艺术品味的提升；多读科学方面的图书，对科学精神的提升大有益处。况且，一本经典之作中往往蕴含着丰富的艺术价值和文学价值，能给人提供诸多的精神营养，对读者的成长和发展都会产生积极的影响。

二、墨香圣卓

董春玲：教育是一个个生活情景的累积，如果没有一个个具体的生活情景，就没有教育的影响力量。这些情景是由日常生活中的点点滴滴组成的，我们觉得需要记录下来。家长在记录的过程中可以回看自己的教育历程及角色定位，实现自我管理和自我教育。那天是2018年7月13日，吃过晚饭后，我就在思考：假期来了，父母如何高质量陪伴孩子、处理好亲子关系呢？这个假期就是个重要的机会啊！我拿起手机给当时的家委会主任发了个信息："翟主任，你愿不愿意跟我一起做个规划，从今天起我们一起写日记，一直写到孩子毕业；等孩子长大了，我们可以把日记当作礼物送给孩子，我愿意给你的日记作序。"对于能不能得到回应我不确定，但我能肯定的是我的这份初心是好的，所以我手指一按就把信息发出去了，我相信好的初心一定会撬动一点什么。

陶继新：这是一个颇有价值的创意，即使放眼全国，在学校里如此做者也尚且"几希矣"。古代圣贤主张"立言"，一般家长虽然还称不上圣贤，但"立言"的意识却是断断不可少的。人的一生有成有败，有快乐，也有痛苦，这些经历一旦被记录成文字，就有了"永生"的意义，甚至可能给更多的人以有益的启示。日记可以留下自己的生命印迹，也可以记下孩子成长的历程。诚如你言："把日记当作礼物送给孩子。"说不定在未来的几十年后，有的孩子成了令人仰慕的大家、名家，而关于他一路成长的文字记录，也许可以让人们从中发现其走向成功的内在密码。

董春玲：很快，翟主任回复了："谢谢校长，我觉得您的提议非常好，但是我学历不高，写文章不行啊！"我没有泄气，继续鼓励他可以写几篇试试看。在我的鼓励下，翟主任还是拿起了笔，一天写一篇，从不间断。翟主任还把日记分享给学校的其他老师和家长看。大家看到他写的日记后不停地留言、点赞，给足翟主任当作者的感觉。陆续地，有更多的家长写起来了，不仅妈妈写，爸爸也写，他们像雨后春笋一样，赶趟儿地写起来。他们写的事虽然很小，但生活气息非常浓。还有的家长写的内容很深刻，站在学术的角度分析"圣卓"家校共育的前景与高度，像天蔚爸爸在疫情期间写的《线上线下两相宜，多维共育爱与思》的日记，影响了很多学校、家庭。

陶继新：翟主任写日记的过程昭示出一个道理：每一个人都有着巨大的潜能，只不过有的时候这种潜能被自己漠视或者让别人扼杀了。正是你的鼓励让翟主任鼓起了勇气，也让写作之风在家长中逐渐蔓延开来。这个过程拉的时间越长，家长写作的意义就越大。因为他们发现，不是自己不能写，更不是不会写，而是此前没想到去写和不敢写。真的是世上无难事，只怕有心人。有了志向与行动，就能拥有意想不到的收获。

董春玲：是的，这个力量了不起。鼓励家长写日记最初的目的是让家长记录孩子的成长足迹，在参与孩子成长过程中提升自己和引导、教育孩子。写着写着，大家发现自己变了，变得温暖了、自信了，工作热情提高了，家庭关系也变和谐了。翟主任写到第600篇日记时，突然有个发现，他说："原来写日记，成长的是自己啊！我第一次发现我原来这么优秀。"受他的启发，我们给这个日记取了个名字——心父母成长记。现在"圣卓"的学生的家长把写日记当成了日常生活的一部分，每天自觉地写作、打卡，捕捉身边点点滴滴的精彩，也记录对"圣卓"的所思所感、所想所闻，以及自己的人生感悟等。学校家委会以年级为单位，每两个月收集一次家长写的日记，负责该项目的朱旭老师专门负责审核、编辑、出版，目前已经出版了30多期。

陶继新：写作的时候，我们都希望记录下自己更加美好的一面，有的时候还会有意识地警醒和鞭策自己。于是，古人所说的"修身"就是在这写日记的过程中逐渐完成的。为了写好日记，家长还会主动阅读，研究写作。已经出版的30多期高质量家长之作便是一个辉煌的"战绩"，也是对他们最好的鼓励，相信他们在未来会写出更多更好的作品。

董春玲：总有家长在尝到写作的甜头后，更愿意往深处去写了。2019级艺戈同学的妈妈就是这样的一位家长。她曾经在家中发生的一个大事件中很长时间走不出来，正是阅读和写作的力量唤醒了她对生活的热情，从此夫妻恩爱、家庭和谐。现在她在教育孩子方面也特别专业，更好地促进了艺戈的成长。在学校成立"心父母文学社"时，艺戈妈妈担任社长，现在她每天都会拿出时间在群里点评大家写的作品并激励大家坚持撰写。2019级一乐同学的爸爸主动担任"心父母文学社"写作指导老师，现在已经有70多位家长加入"心父母文学社"，一乐爸爸就负责每天出写作题目，每天早上六点前带头第一个分享写作。同时，"心父母文学社"一个月举行一次线下活动，一个月出一期专刊。

陶继新：这就是写作的魅力，也是经典的力量！世界经典作品中大多蕴含着巨大的精神力量。作品中的主人公，有些经历了常人难以想象的苦难，有些为了生活而到处奔波。可是，他们坚强的意志与奋斗的精神，却如日月之光一样，照耀和鼓舞着我们。这些优秀的作品读得多了，我们即使遭遇某些苦难，也会将其踩在脚下，勇敢地走向未来。这不可能不让我们在阅读与写作中产生共鸣。在这方面，我有深切的体会，如果没有坚持阅读和写作，就不可能有今天的陶继新。从这个意义上说，写作对整个人生的成长都有着重要的意义与价值。

董春玲：还有"桌面情书"。我第一次听到家长的这个提议时感到很吃惊，家长真是太有创意和爱了。这份爱一旦被看见和激发，就是学校和孩子的财富。2019级的部分家长开创了这个独特的"桌面情书"的形式，至今已经坚持了一年半的时间。起初是六位家长每周五下午定时给孩子写一封"情书"，将"情书"放在孩子的书桌上，作为孩子周五放学回家时的见面礼。他们用这种方式和孩子说悄悄话，让父母之爱在孩子心中缓缓流动，让亲子关系更加畅通。学校的老师也坚持天天写作打卡，一个学期写一篇学术性较高的论文。在这种环境下，孩子深受父母和老师的影响，天天坚持写"成长日记"，在做好自我管理的同时用写作的方式训练思维和审美。

陶继新：“桌面情书”和“成长日记”堪称“比翼双飞”。“桌面情书”中流淌着家长对孩子的浓浓之爱，而在爱的滋养下，孩子不只感受到了家庭的温馨，还有荡漾在心中的愉悦与美好。而在这种状态下学习，孩子也就有了更高的效率与更好的效果。孩子的“成长日记”是回馈给家长的一份极其珍贵的精神礼物，让家长更加欣慰与高兴。两者持续不断地往复回转，才构建起了真正意义上的幸福家庭。

演绎生命的精彩

——浙江省嘉兴市秀洲实验小学的家长"秀"文化

　　浙江省嘉兴市秀洲实验小学之所以提出"秀文化"，是因为优质的学校教育不但要培养品学兼优的学生，还要让他们敢于面对挑战、大胆展示自己，从而"秀"出自己的精彩。家长们不但支持和积极参与学校的工作，而且和老师、学生一样，"秀"出了他们的别样风采：学校开展大型演出时，有家长才艺的展示；班级建设活动中，有家长的出谋划策；亲子课程中，有家长的

杨耿东校长

参与构建。每年的毕业班家委会为学校留下的香樟树、红船模型、钢琴等，永远地"秀"着他们对学校的感谢与怀恋。爱心家长为学校捐赠、装修的两间音乐教室里，师生在享受优雅音乐的同时，脑海里也会浮现出家长那"秀"美的身影……

一、仙居送课

家长们在学校"秀"出万千之美的同时，还和老师们一起送课下乡，"秀"出了别样的景观。

2017年10月，校级家委会的两位主任前往仙居县送课，此前每年都有来仙居县支教的老师，可家长支教却是闻所未闻。而那天晚上这两位家长的教育经验分享，更让教育主管部门领导与在场的老师大为惊叹。

其中一位家长是对阅读很有研究的王妈，她分享的是如何参与创建书香班级。从她的孩子上一年级开始，每周的周二都有一位妈妈到班里给孩子们讲故事。到上二年级时，爸爸们也一道前来给孩子们讲故事。家长们来校之前都进行了精心的准备，既要选取适合孩子们听的经典故事，还要讲得情感充沛。有的家长不但认真备课，还在家反复进行试讲。到三年级的时候，家长们开始引导孩子们自己阅读，并通过经常开展的读书会等活动，让孩子们交流读书的感想。家长们既是孩子们的听众，又是孩子们的"歌功颂德"者。而家长们的赞扬则让孩子们大受鼓舞，于是他们便更加积极地投入到阅读之中。到五、六年级的时候，家长们开始引导孩子们阅读名著，因为名著不但有引人入胜的故事情节，还有蕴含真善美的思想内涵和发人深省的语言，读得多了，孩子们不但可以提升写作水平，还能在潜移默化中受到高尚思想的熏陶。

另外一位家长在日本留学七年半后又回国担任大学教师，他先进的家庭教育理念让现场的听众耳目一新；而他关于家委会建设的经验分享，让大家惊叹不已的同时领悟到家委会参与学校工作的必要性与重要性。

家长送课让当地教育同仁受益的同时，也让这两位家长尽情地"秀"了一番。以至他们返回嘉兴很长时间之后，还在被当地教育同仁们津津乐道地称颂着，让他们在仙居县也有了一定的知名度与美誉度。

二、亲子课程

学校的亲子课程极有创意又丰富多彩，如"爸爸来了""亲子学院""三味学堂""妈妈咪呀"等课程。家长们对亲子课程很有研究，并编写了课程大纲，还对其中一些课程，如书香课程、安全课程、节气课程、亲情课程，编写了教材。至于各门课程何时上课，由哪位家长来授课，都有专门安排。他们既是家长，又是老师，上起课来个个神采飞扬、妙趣横生，有的家长还成了学生崇拜的偶像。

2018年10月14日，在全国家校合作经验交流会议上，学校根据实践经验在现场发表了《家委会——课程建设的同盟军》的演讲，得到了与会专家、老师的高度认可。在会议结束后，参会人员依然对于秀洲实验小学的课程建设经验兴趣不减，而有些则专程赶到嘉兴来学习取经。

杨校长说，在亲子课程的建设中，家长的热情之高超乎了她的想象。在构建亲子课程方面，家长队伍中绝对是人才济济。这些人才有的是学校"引进"来的，有的则是毛遂自荐、不请自到的。家长们主动、积极参与，而自身又很有水平，亲子课程自然也就成了上乘之作。

三、家长节

"秀实家长节"自2017年举办了第一届之后，就成了学校一个广受关注的节日，而且每次举办都热闹非凡、精彩不断。比如，2019年12月29日举办的第三届"秀实家长节"，35个班级的家委会成员悉数登台，一个个精彩的节目传递着他们对孩子们的关爱和对学校教育的感恩。其中某些家长演出水平之高让老师们常有望尘莫及之叹。为了"秀"出艺术之美与情感之真，参演的家长全都极其认真地准备。当他们的演出赢来持续不断的喝彩声的时候，他们的孩子也为自己的父母"秀"得如此精彩绝妙而大为开心和深感自豪。这不但为家校合作平添了几分亮色，也在无形中拉近了亲子关系。

四、送别会

每年在7月1日左右，学校都会专门为六年级毕业的学生的家长举行送别会。送别会上，不管是老师，还是家长，都很是伤感又依依不舍。为了孩子们更好的成长，学校和家长同心同德奋战了六个春秋，其间留下了无数美好的回忆。

送别会上有伤感，也有感动。家长代表的发言慷慨激昂而又富有真情实感，让老师们感到遇到这样的家长是自己的幸运；家长们则说，遇到这么好的老师是孩子的福气。

孩子及其家长与老师们依依不舍地告别，不管是三言两语的话别，还是一个个充满感谢的拥抱，都因那一份浓得化不开的感情而在彼此心中留下深刻的印象。

五、班级微信公众号

由家长管理的班级微信公众号成为家校联系的一个重要载体。负责管理微信公众号的家长极其认真负责，既及时传播相应的信息，也播撒着对孩子们的爱心。比如，有一位家长是嘉兴高速交警队的副大队长，工作极其繁忙，可他每天无论工作到多晚，就算是凌晨一两点钟，也要将微信公众号的文章推送出去，并且所推送的内容总会引来家长的高度关注与齐声赞叹。

杨校长说，家长和学校有着共同的愿景，都希望孩子更好更快地成长；而双方精诚合作所产生的能量是很难想象的。诚如《周易·系辞上》所言："二人同心，其利断金；同心之言，其臭如兰。"尽管人们未必闻到兰花袭来的芳香，可家校合作的精神之美却照亮了人们的心田。

搭建家校互联的立交桥

——山东省青岛超银学校全面育人之道

      学校与家长有着共同的目标，那就是将孩子培养成品学兼优的学生。可是有的时候，两者之间的理念与做法并不一致，所以彼此出现摩擦也就成了常有之事。如果不能很好地解决这个问题，学校教育的质量与效果就会大打折扣。正因为如此，山东省青岛超银学校非常重视让家

潘晓莉校长

庭教育和学校教育有机结合起来，要求教师要用服务的心态，不断搭建家校互联的立交桥。只有这样，学校才能打通全方位育人的渠道，构建全面育人的平台。

笔者曾到这所学校做过讲座，通过对潘晓莉校长的采访，完成了这篇访谈文章。

潘晓莉：有效地进行家校沟通，是办好学校的重要因素。为此，首先我们要知道家长在想什么，对学校有怎样的意见和建议。对于学校而言，家长从某种意义上来说就是我们的"顾客"，只有以"顾客为导向"，不断提高家长的满意度，才能让我们的教育合力实现最大化。基于此，学校自2013年以来就利用大数据对家长开展满意度调查。学校先于市、区两级教育主管部门的要求和举措，通过第三方网络平台开展家长无记名调查问卷工作，至今已有六年多的时间。调查的内容涵盖学生在校生活及日常学习的方方面面，力求通过多个维度进行调查；同时也涉及教师布置的作业量、学生睡眠时间、是否存在有偿家教等比较敏感的问题。2019年，网络调查平台又进行了全面升级，变得更加科学化、全面化、细致化。对于家长满意度调查，学校每一个学期的期末都会进行一次，从而确保对家长意见的及时、持续的了解。数据的收集只是手段，学校的最终目的是对数据进行分析和处理。每一次家长满意度调查后，学校会在第一时间进行统计，并结合各校区数据进行分析，通过全体教师会进行传达和反馈，使学校自上而下全方位地了解家长对学校各项工作的意见和建议，利用大数据对学校工作进行有针对性的指导。令我们感到欣慰的是，在最近几个学期的家长满意度调查中，学校各校区的整体满意度都在95%以上。

陶继新：要想实现家校的有效合作，就必须清楚家长对学校提出的各种各样的意见与要求。不过，在家校面对面地了解情况时，不少家长碍于情面或担心老师对自己的孩子"报复"，往往不会将所有的意见，尤其是对老师不满意的地方当面呈现出来。而你们通过第三方网络平台开展家长无记名调查问卷工作，则让所有家长毫无顾虑地将意见与建议和盘托出。这样，学校就可以有的放矢地解决相应的问题，将很多未发生而有可能出现的问题消灭在萌芽状态。同时，大数据科学、迅速、便捷，为即时解决问题提供了可能。这不但消解了家长的顾虑与担忧，而且增加了家长对学校的信任指数。信任不但可以消除误会，还会在彼此之间建立和谐的关系。而这一切都会让家校合作越来越好。

潘晓莉：是的，基于大数据形成的报告对学校的决策也起到了至关重要的作用。通过这些年我们对家长满意度的大数据调查和分析，我们越来越深刻地感受到，家庭教育对家校协同合作、学生健康成长的作用实在是太大了，因此在知道了"家长如何想"之后，我们要做的第二步就是去指导"家长如何做",用正确的教育理念武装家长的头脑。我们把家长请进学校,请进课堂。一方面,学校每学期举行家长学校授课活动,学校要求班主任做好选题、集中备课,就家庭教育问题对家长进行面对面的指导。学校还定期举办家长大讲堂,针对学段衔接、亲子关系、沟通技巧等家庭教育中常见的问题,面向社会举办讲座,指导家长解决实际生活中遇到的各种问题。另一方面,学校定期开设父母大课堂,邀请来自各行各业的家长到校为学生授课,通过这种方式来拓宽学生视野,融洽亲子关系。

陶继新:家长都爱自己的孩子,都希望孩子接受最好的教育,但很多家长却不知道如何去爱孩子,不清楚先进的教育理念和方法。班主任面对面地对家长进行指导,就会让他们知道如何用正确的方式去爱孩子。这样,班主任和家长才能同舟共济,共同教育好孩子。家长之中,有的不但对学习方法有所研究,而且还是教子有方的家教典范,让他们为其他家长开设讲座,讲述自己的家庭教育经验,让大家共同受益;同时,还会在面对面的过程中解决一些家长对于家庭教育的某些疑虑,从而产生立竿见影的效果。父母大课堂是让学有专长的家长来校为学生上课,让更多的孩子开阔眼界、学到新知识;同时,也让授课家长的孩子深感自豪,从而对自己的父母有了更多的敬仰与信任,并由此让亲子关系变得更加密切。而家庭的和谐不但可以给孩子一个幸福的家庭环境，还会塑造孩子良好的性格。

潘晓莉：除了上述活动，我们也采取了一些"笨办法"，要求班主任以解决具体问题为抓手，将家访工作落到实处。班主任利用下班时间或者休息日深入到学生家中，对学生的学习、生活情况进行更加细致和全面的了解；发现学生情绪异常后，及时与家长进行面对面的沟通，学校心理健康研究中心的专家和老师也会协助班主任做好学生的心理疏导工作，凝聚家校合力。

陶继新：家访在当今的教育环境下似乎已经很少见，毋庸讳言，对老师来说，进行家访是一件劳心劳力的事情。可是，为了孩子更好的成长，你们知难而进，足见对孩子所爱之深。在家访中看到、听到的孩子的情况，有时往往在学校被孩子掩盖了起来。可正是这些被掩盖的事情往往是孩子出现问题的隐患。所以，传统的家访在今天依然十分必要。同时，老师的造访不但可以解决现存的问题，还会让家长在感动之余对老师多一份敬意与信任。这些恰恰是家校合作走向成功的关键因素。

潘晓莉：家访工作有助于我们建立高效的家校沟通渠道，那么，如何让这一渠道保持畅通？我们为每一个学生定制了"家校联系本"，从而保证了老师与家长每天都可以通过书面形式进行有效的家校沟通。还有一点就是我们充分利用了班级微信群，让家校沟通做到无时无刻不畅通无阻。我们学校的班级微信群绝不只是发个通知这么简单，而成了家长掌握、了解孩子在校学习、生活情况，帮助家长更好地辅助孩子学习、生活的一个有效渠道。班主任和各科老师都会加入微信群中，每天以视频或文档等形式与家长进行沟通、落实、反馈。每年暑假的新生军训可以说是家长和学校建立家校沟通的起点。短短一周的时间，虽然家长与老师未曾谋面，但是几乎每一位家长都会被微信群里老师的细心、耐心所感动。老师每天在微信群里发的信息事无巨细，如对学生身体状况的关心、学生在校的表现、每天作息的指导，甚至有家长感叹"我这个做妈妈的都想不到这么细"。而这样的家校沟通其实在学生在校的每一天都在发生。家长感受到了老师的认真负责，家长与老师之间也增强了对彼此的理解与信任。

陶继新：学生正处于成长时期，各种身心问题常常随之而生。你们这种方法让不少问题没有了隐身之处，从而得到了即时的解决。有些问题甚至是即将出现，可在"禁于未发"之时便进行了预防，所以也就不可能出现"发然后禁，则扞格而不胜"的尴尬局面。老师不断地引导学生向着好的方向去发展，学生也会因此变得更加优秀。

潘晓莉：您说得没错，只有家长好好学习，学生才能天天向上。2019年，"超银"的家庭教育再度开创了新局面，学校成立了家庭教育指导中心，聘请了家庭教育领域的专家作为学校的智库成员，多次举办家庭教育指导讲座对家长进行指导。与此同时，学校还承办了山东省教育学会民办教育专业委员会2019年度高峰论坛，以"家校共育助力中高考"为主题，邀请省内各领域专家共同探讨家庭教育的热点话题，得到了全省各地学生家长的踊跃参与。专业、深入、实用的讲座内容深受家长好评，家长听后纷纷表示受益匪浅。

陶继新：能承办这样的高峰论坛，说明你们具备了家校共育的能力；同时，也正是在这个论坛上，展示了你们在这方面的探索与成果，从而让更多的学校在"学而时习之"的同时，也能在未来家校共育的探索路上结出硕果。从这个意义上说，你们还具有了"己欲立而立人，己欲达而达人"的精神境界。

担起培育"雅真家长"的责任

——湖北省孝感市实验小学构建文明家庭的
创新之路

李安心校长

在学生成长过程中,学校无疑充当着一个正规渠道和主体承载的角色,但这并不是学生接受教育的全部途径。家庭与社会的教育影响力决不逊于学校教育,甚至影响着学校教育的发展。对于走出家门、走进校门的孩子来说,社会的大门尚半掩着,且学校往往不能左右社会教育,但家庭教育却可以与学校教育互相渗透、互相促进、协调一致，形成统一的教育网络。为此，湖北省孝感市实验小学鼓励广大家长结合学校"雅真"教育的目标，用"雅真"思想引领孩子，在日常生活的各方面给孩子做出示范，在教育孩子争做"雅真学生"时，自己也要做一名"雅真家长"，即"具有高尚品德、美好心灵、规范言谈、优雅行为且知行一致、言行合一"的家长。

李安心校长对此家校合作不但有理论上的建树，还有实践层面的探索。为此，笔者对他进行了采访，并根据对话内容完成了这篇文章。

李安心：1985年，学校创办了孝感市第一所家长学校，至今已开办了29届。家长学校以"'雅真'教育，深化内涵，提升品牌，创办优质和谐教育"为办学总目标，确立"为每一位学生终身学习和幸福一生奠基"的家校教育理念，针对各年级学生的特点，开展了丰富多彩的家长课堂活动，家长们都积极参加、认真学习，与孩子共同提高。

首先，家长学校培育知法守规的"雅真家长"。学校制定并完善了一系列完备的家长学校运行制度；通过家长课堂带领家长学习了教育孩子的义务和权利，学习了《中华人民共和国义务教育法》《中华人民共和国未成年人保护法》的相关重点内容；向家长宣讲了学校的办学理念、培养目标、班纪班规、"雅真家庭"规范、"雅真家长"

评选标准。

陶继新：向家长宣讲"雅真家庭"规范与颁布"雅真家长"评选标准是一个很好的创意，具有"雅真"的特点。这会促使一些家长自觉地学习并提升自己。因为家长都希望在学校里赢得老师的认可与尊重，从而让自己的孩子获得更多的关注。为此，他们就要根据"雅真家长"的要求，规范自己的言行，让自己变得越来越优秀。家长的"雅真"，不但有助于学生的"雅真"，也会在某种程度上影响社会。家庭是社会的细胞，每个家长都是社会的一分子，更多的家长变得优秀，社会也就变得更加文明。

李安心：其次，家长学校培育知识丰富的"雅真家长"。从一年级新生入校开始便统一发放《小学生家长读本》及系列学习资料，如低年级发放《培养孩子的良好学习习惯》，高年级发放《如何面对孩子的叛逆》，考试前发放《如何消除考试焦虑》等，并要求家长每次学习做好学习摘抄，撰写学习心得，争做"雅真家长"，创建"雅真"育人家庭环境。学校还成立"雅真家长"课堂教学研究小组，共同研讨家庭教育课程。每学期，学校分班级对家长集中进行授课，给家长搭建成长平台。

再者，家长学校培育好学文明的"雅真家长"。学校力图通过引导，让家长更加文明儒雅、身正为范，结合各年级学生的实际情况，从选书、购书、阅读、写读书笔记等方面着手，耐心细致地指导家长，把创建"书香校园"延伸到"书香家庭"，如举办亲子读书活动、家长读书心得交流会、读书知识竞赛等。通过和孩子共同参加活动，部分家长离开了酒桌，来到了书桌，放下了游戏，拿起了书本，和孩子一起读书，使"书香家庭"的创建真正落到实处。

陶继新：不少家长只关注孩子的学习成绩，却忽略了良好习惯的养成与心理健康的锻造，而这恰恰是孩子成长过程中必需的品质。没有不关心孩子的家长，只是有的家长不知道从何下手，甚至误将错爱当真爱。下发《小学生家长读本》等手册，给家长上课，则让他们知道了什么是真爱孩子，如何让孩子更好地成长。这样，孩子成长中的问题少了，进步快了，家长高兴了，教师教育起来也就更加容易了。

"书香校园"的意义重大，是让家长走向"雅真"的必由之路。好书是打开智慧大门的钥匙，也是形成良好品质的有效途径。好书不但蕴含着丰富的智慧，还能让人获得启迪和成长。好书读得多了，人自身的修养和品德自然会逐渐得到提升。当养成亲子共读的习惯时，家长和孩子都会获得自身的进步和发展。

李安心："问渠哪得清如许，为有源头活水来。"由于学校一直致力于"雅真家长"的引领，致力于与家长的沟通合作，在家长的大力支持下，家长学校成效卓越，先后获得"全国家庭教育工作先进单位""全国示范家长学校""湖北省优秀家长学校""湖北省示范家长学校""孝感市示范家长学校"等荣誉称号。从微观上说,培育"雅真家长"让学校的教育更轻松有效;从宏观上说,家庭是社会的细胞,有了千万个"雅真家庭",我们的社会将会更加和谐文明。

　　陶继新:这些荣誉的获得与你们持续不断的努力有关,也与你们的教育方式有关,同时还与你们的社会责任感和使命感有关。你们关注学生成长,也关注整个社会的发展。只有更多孩子、更多家长越来越"雅真"了,社会才能更加和谐文明。

打造家校共育品牌

——江苏省张家港市第二中学的"十佳责任家庭" 评选活动

责任感作为一种道德情感，是一切美德的基础，是人类理想与良知的集中体现，也是社会进步的基石。可是，目前独生子女安于享受、责任感流失的现象日趋严重，而未来社会发展对公民责任的要求却越来越高。为此，江苏省张家港市第二中学将"责任"定为校训，提出了"责任引领，共同发展"的办学理念，

丁新忠校长

确立了"办有灵魂的教育，育有责任的公民"的办学目标，通过"责任文化"建设，努力让"责任"走进每个师生的灵魂深处，为他们自主、全面发展增加时间，拓宽空间，夯实基础。而且，学校的"十佳责任家庭"评选将"责任文化"延伸到家庭，取得令人欣喜的成绩。为此，笔者对这所学校进行采访之后，围绕"责任"问题，通过网络聊天软件与校长丁新忠进行了一场对话。

丁新忠：在"责任文化"建设过程中，家长的生活习惯、兴趣爱好、个性特征对学生成长影响很大。家长家庭教育工作做不好，子女很难成才，甚至会出现"5+2=0"的现象。可以说，每个学生的背后都有一个家庭。所以，我们有意识地将"责任文化"渗透到家庭教育中，努力将"责任文化"由课内向课外、由校内向校外、由学校向家庭延伸。

陶继新：我有一个讲座，题目就是"今天怎样做家长"，其中谈了十个问题，第一个问题就是"家长是孩子生命成长的第一责任人"。老师教学必须有教师资格证书，父母教育孩子却不需要任何证书。结果，好多家长认为养育孩子是其责任，教育孩子则是学校的责任。其实，家长应当是孩子成长的第一责任人，从孩子一出生，家长就应当肩负起教育的责任。可是，不少家长的这种意识比较淡薄。你们进行责任教育得到了家长的支持与配合，显然是深得责任教育之要义的。其实，家长一旦知道了教育孩子是自己的责任之后，就大都会自觉地去履行这个义务。所以，责任教育一旦走进家庭，就会事半功倍。

丁新忠：关于家庭教育，我们围绕"责任文化"进行了首届"十佳责任家庭"的评选。学校制定了"注重沟通，争当表率，德才共育"等十项评比标准，要求每个家庭对照标准开展学习，在每天的家庭生活中落实责任教育。这项评选从宣传发动、对照实施、提交申请，到确定候选家庭、网络投票、公布结果，历时半年之久，评选的目的不在结果而在过程，评选的过程也是家长学习"责任"、内化"责任"的过程。

陶继新：家庭教育资源有丰富性与不可替代性的特点，如果进行充分开发，就会产生巨大的教育效应。你们用了半年时间进行这项评选活动，足以看出你们对这项工作的高度重视。在这个拉长的过程中，所有的家长更加深入地明晓了自己的责任，并将责任意识深深地根植在自己心里。其实，家长对孩子的影响一点儿也不比老师小。让家长与老师一道对孩子进行责任教育，形成一个家校合一的教育体系，教育的效果就会成倍甚至数倍地增加。同时，在这个过程中，家长的素质也在不断地提高。如果每个家长都有了责任意识，不但对孩子、对学校，而且对社会也有着巨大的贡献。

丁新忠： 确实如此，评选活动对家长的触动很大。许多家长在反馈表中表示：要重视家庭教育在孩子成长中的重要性。评选活动不仅为家庭教育提供了一个科学的标准，也为家长提供了一个学习交流的平台。家长在参与评选的过程中实践了自己的责任，完善了自己。

陶继新： 家长的素质高下有别，家长对孩子的关注度也不一样，所以在交流的时候，有些关注孩子家庭教育的家长分享的鲜活经验，就会对没有家庭教育意识的家长产生一种心灵的冲击，从而使其迅速觉醒。家长责任意识强了，就会特别重视"十佳责任家庭"的评选。因为他们从中获得的不只是一个荣誉称号，还有重视孩子家庭教育产生的一种沉甸甸的责任感，以及孩子获得进步带来的一种幸福感。

丁新忠： 在评选过程中，我们挖掘出许多感人的家庭教育事例。在"十佳责任家庭"表彰会上，我们请"责任家庭"代表做经验介绍。这些家长共同的特点是：和孩子一同成长。他们的经验引起其他家长广泛的共鸣。我们希望通过努力，逐步构建学校、家庭、社会立体式的教育网络，让我们的学生生活在充满"责任"的大环境中，养成视责任为生命的良好习惯，从而赢得人生中更多成功的机会，享受生命中更多的欢乐和幸福。

陶继新： 孩子的成长带动了家长的成长，而这一成长的桥梁就是你们学校；反过来，家长的成长又会促进孩子的成长。这样就会形成一个共同成长的生命链条。久而久之，这种共同成长就会成为一种习惯；再往后，家长与孩子就会在这种共同成长的过程中乐此不疲，共同进步。这个时候，家长与孩子的共同成长就有了一种质的飞跃，我们期盼的孩子持久的生命成长就会化作现实。